I0052019

FACULTÉ DE DROIT DE TOULOUSE.

DU

DROIT DE RÉTENTION

EN DROIT ROMAIN ET EN DROIT FRANÇAIS.

THÈSE POUR LE DOCTORAT

SOUTENUE

Le 15 février 1868, à 2 heures,

PAR JULES MAZELIÉ, AVOCAT.

TOULOUSE
TYPOGRAPHIE DE BONNAL ET GIBRAC,
RUE SAINT-ROME, 44.

1868.

FACULTÉ DE DROIT DE TOULOUSE.

DU

DROIT DE RÉTENTION

EN DROIT ROMAIN ET EN DROIT FRANÇAIS.

THÈSE POUR LE DOCTORAT

SOUTENUE

Le 15 février 1868, à 2 heures,

PAR JULES MAZELIÉ, AVOCAT.

TOULOUSE
TYPOGRAPHIE DE BONNAL ET GIBRAC,
RUE SAINT-ROME, 44.

1868.

FACULTÉ DE DROIT DE TOULOUSE.

MM. Chauveau Adolphe ✳, doyen, *professeur de Droit administratif.*

Delpech ✳, doyen honoraire, *professeur de Code Napoléon, en congé.*

Rodière ✳, *professeur de Procédure civile.*

Dufour ✳, *professeur de Droit commercial.*

Molinier ✳, *professeur de Droit criminel.*

Bressolles, *professeur de Code Napoléon.*

Massol ✳, *professeur de Droit romain.*

Ginoulhiac, *professeur de Droit français,* étudié dans ses origines féodales et coutumières.

Huc, *professeur de Code Napoléon.*

Humbert, *professeur de Droit romain.*

Rozy, agrégé, *chargé du cours d'Economie politique.*

Poubelle, agrégé, *chargé d'un cours de Code Napoléon.*

Bonfils, agrégé.

Arnaud, agrégé.

M. Darrenougué, Officier de l'Instruction publique, Secrétaire Agent-comptable.

Président de la thèse : M. Molinier.

M. Dufour,

M. Bressolles, *Suffragants*

M. Bonfils, agrégé.

M. Arnaud, agrégé.

La Faculté n'entend approuver ni désapprouver les opinions particulières du candidat.

AUX MIENS.

DU DROIT DE RÉTENTION.

PRÉLIMINAIRES.

Le gage, le privilége et l'hypothèque, sont assurément une des garanties les plus sérieuses que puisse obtenir un créancier. La chose, dans ces divers cas, répond à défaut de la personne, et la chose faillit rarement.

A côté du gage, vient se placer un droit moins étendu, le droit de rétention, qui autorise le créancier à retenir entre ses mains, comme garantie, la possession d'une chose, et ce, dans certaines circonstances.

Il est à regretter que les rédacteurs du Code civil, qui ont traité la matière du gage, du privilége et des hypothèques avec tout le soin que mérite son importance, n'aient posé aucun principe général sur le droit de rétention. En effet, tantôt ils l'ont expressément accordé, tantôt ils l'ont refusé, mais sans jamais donner aucun motif qui puisse déterminer le caractère et la portée qu'ils ont entendu attribuer à ce droit.

Nous essaierons de combler cette lacune et de fixer, autant que possible, les règles du droit de rétention.

Pour cela, il convient d'envisager ce droit dans ses

origines historiques. Les principes du droit romain, en cette matière, nous serviront à résoudre les nombreuses difficultés que présente la théorie du droit de rétention.

Mais, avant, essayons de donner une idée générale du droit de rétention.

De tous les éléments essentiels au droit de propriété, la possession est, sans contredit, le plus important ; aussi tout propriétaire peut recouvrer, en règle générale, la possession de son bien, s'il ne l'a pas abandonnée volontairement ou si le temps fixé par la prescription ne s'est pas écoulé. Nous trouvons cependant, dans le droit romain et dans le droit français, des dispositions qui, dans des cas déterminés, concèdent au détenteur d'un objet la faculté de rester en possession de cet objet, sur lequel il n'a pas de droit direct, malgré la revendication du propriétaire. Cette faculté, qui a pour but de faciliter le paiement de créances nées à l'occasion de la possession, a été qualifiée par la doctrine, du nom de droit de rétention.

Ce n'est pas là une voie de fait, mais un simple moyen de légitime défense, car le rétenteur conserve seulement la chose qu'il détient, et dans laquelle se trouve confondu l'objet de sa créance.

PREMIÈRE PARTIE.

—

DROIT ROMAIN.

———

Nous diviserons cette partie en deux chapitres, dont le premier aura trait aux principes généraux du droit de rétention, et le second aux applications de ce droit.

CHAPITRE PREMIER

PRINCIPES GÉNÉRAUX.

SOMMAIRE.

CHAPITRE PREMIER.

PRINCIPES GÉNÉRAUX.

SECTION PREMIÈRE.

ORIGINE, LÉGITIMITÉ ET ÉTENDUE DU DROIT DE RÉTENTION; DÉFINITION.

La nécessité de ce principe tutélaire, que nul ne peut se faire justice à lui-même, avait été reconnue par les jurisconsultes romains. Nous en trouvons la preuve dans plusieurs textes (l. 7 et 8, Dig. *ad leg. Jul. de vi privata*; L. 7 et 10, C. *unde vi*; L. 12, *in fine* et L. 23, D. *quod metus causâ*).

Mais à côté de ces règles, qui tendaient à réprimer l'arbitraire privé, la loi romaine avait admis certains cas, dans lesquels il devait être permis de poursuivre la réalisation d'un droit, ou de le défendre après qu'il s'était réalisé, au moyen d'une sorte de voie de fait personnelle, intervenue en dehors de la protection du juge; c'est ainsi qu'elle proclamait légitimes : le droit de repousser la force par la force, pourvu qu'il fût exercé sur-le-champ, *confestim non ex intervallo* (L. 1, § 27, et L. 3, § 9, D. *De vi et de vi armata*); celui de faire cesser le dommage qui nous est causé sans motif; celui d'enlever au débiteur qui s'enfuit l'argent qu'il emportait, après nous l'avoir soustrait.

Il était, en outre, des moyens indirects et occultes

autorisés par la loi, par lesquels, en résistant à la volonté
de son adversaire, on le forçait à renoncer à ses prétentions et à respecter un droit acquis. Parmi eux figure,
au premier rang, le droit de rétention, qui se rattache
directement au droit naturel et n'est que la sanction par
le droit positif d'un principe d'équité, à savoir : que nul
ne peut être tenu de remplir ses obligations vis-à-vis de
celui qui, obligé à son tour envers lui, ne veut pas
s'exécuter. La légitimité de la rétention est donc incontestable.

Dû à l'équité, ainsi que nous le verrons en étudiant
l'origine et les progrès de ce droit, avec la procédure
romaine, il fut admis dans le droit romain avec toute
l'étendue que comportait le principe d'où il tirait sa
source ; il n'eut d'autres limites que celles de ce principe
lui-même. L'équité fut, en même temps que son fondement et sa justification, la règle unique de son admis-
sibilité.

Ce mot rétention, pris dans un sens général, s'entend
du fait de celui qui, pour faire valoir une demande
reconventionnelle, s'oppose à la remise d'une somme
d'argent ou d'une chose appartenant à son adversaire et,
dans cette acception, il comprend la compensation.

Dans un sens plus restreint, ce mot s'applique spécialement à cette faculté qu'a le défendeur à une action,
soit *in personam*, soit *in rem*, créancier à son tour du
demandeur, de se refuser à accomplir la restitution
demandée, jusqu'à ce qu'il ait été lui-même désintéressé.
Ainsi, Primus détient une chose appartenant à Secundus, dont il est créancier, et Secundus revendique sa
chose ; Primus aura le droit de repousser cette demande

et de se refuser à la restitution, jusqu'à ce que Secundus lui ait payé ce qu'il lui doit. Primus détient une chose appartenant à Secundus, dont il est créancier. Secundus, au lieu de revendiquer, poursuit la restitution de sa chose par une action personnelle (cela peut se présenter dans tous les cas où le détenteur est obligé à la restitution de la chose par suite d'un contrat : exemple : Il y a eu *pignus ;* le débiteur gagiste qui pourrait revendiquer, intente l'action *pigneretitia directa*). Le détenteur pourra encore se refuser à la restitution, jusqu'à ce qu'il soit payé de sa créance.

Des textes nombreux, que nous aurons à parcourir et à expliquer successivement, reconnaissent d'une manière explicite l'existence de ce droit de rétention, et énumèrent les conditions nécessaires à son application. S'il est vrai de dire que, pour la solution de quelques questions, il faut raisonner par analogie, le plus souvent les textes ne font pas défaut et il suffit, pour étudier rationnellement le droit auquel ils se réfèrent, de réunir leurs dispositions éparses, et de les coordonner d'une manière méthodique. Pour cela, il importe de rechercher l'origine du droit de rétention.

Ce n'est pas dans le premier âge de l'histoire romaine que nous pourrons découvrir les sources du droit de rétention : dans ces temps reculés, le combat judiciaire vidait les différends des plaideurs, et l'âpreté primitive des mœurs de cette époque ne pouvait laisser de place à un droit qui a sa base principale dans l'équité.

De même son admission sous l'empire des actions de la loi eût été en opposition formelle avec ces principes rigoureux dont on acceptait alors les conséquences les plus iniques. Toutefois, on ne pourrait affirmer qu'il fût à cette époque complètement inconnu, car il ne serait pas impossible que dans l'action *per judicis postulationem* le défendeur ne pût opposer au demandeur le droit de rétention. En effet, cette action fut admise pour les contestations qui exigeaient de la part du juge une certaine appréciation ; Cicéron a pu dire d'elle *prœclaribus a majoribus accepimus morem rogandi judicis, si ea rogaremus quæ salva fide facere possit. (De officiis* 111, 10). Mais nous n'avons à cet égard aucune donnée certaine, et l'origine du droit de rétention appartient au système formulaire.

Le préteur fait disparaître de la législation romaine la rigidité du droit civil et consacre les principes d'un droit plus large et plus équitable Laissant de côté la stoïque application de la lettre même de la loi, dans son édit il supplée à la loi lorsqu'elle est muette, l'explique quand elle est obscure et l'applique selon l'équité. Pour corriger la loi civile par l'équité, le préteur emploie des moyens détournés, des restrictions ou réserves mises à la suite de la formule pour éviter une condamnation fondée sur le droit civil, mais non conforme à l'équité, et dites exceptions. Parmi ces exceptions, il en était une, importante par son étendue, l'exception *doli mali*, et dont la formule comprend toute défense fondée sur l'équité. De là, il résulte qu'évidemment la formule de l'exception de dol contenait le droit de rétention ; car il y a dol de la part de quelqu'un à réclamer sa propre chose du possesseur, et de ne pas vouloir tenir compte à ce dernier des dépenses qu'il a faites à l'occasion de cette chose. L'origine du droit de rétention appartient donc à la procédure formulaire.

Quelques personnes ont contesté ce point. Cette procédure admettait bien, disent-elles, l'exception de dol,
mais cette exception n'est pas la même chose que le
droit de rétention ; l'effet qu'elle produit est bien diffé-
rent : l'exception de dol a simplement pour résultat
d'entraîner la diminution de la condamnation, mais elle
ne retarde pas l'effet ; la rétention, au contraire, permet
au créancier de différer la restitution jusqu'à ce qu'il soit
payé.

Je reconnais toute la force de cette objection, mais
elle me paraît reposer sur une confusion : nous ne pré-
tendons pas soutenir que le droit de rétention fût précisément la même chose que l'exception de dol, mais
seulement que le droit de rétention se produisait en
justice dans la forme de l'exception de dol. Cela posé,
supposons que le propriétaire d'une chose détenue par
un tiers vienne à la lui réclamer ; celui-ci refuse la restitution, en alléguant que le propriétaire de l'objet qu'il
détient est son débiteur et qu'il doit s'acquitter avant
d'exiger aucune restitution : le détenteur va donc retenir
l'objet réclamé. Mais à quel titre cette faculté lui est-elle
accordée ? Ce n'est ni à titre de possesseur, car il ne
conteste pas le droit de propriété de son adversaire, ni
en vertu d'un contrat ; son seul titre est donc un véritable droit de rétention. Il est vrai que le propriétaire va
l'appeler devant le magistrat, mais celui-ci critiquera-
t-il le défendeur de s'être refusé à la restitution et d'avoir
retenu l'objet qui lui était réclamé ? En aucune façon,
et même cette rétention sera une condition essentielle
pour obtenir l'exception de dol, au moyen de laquelle il
arrivera au paiement de ce qui lui est dû. Comment

donc ne pas reconnaître le droit de rétention dans cette faculté de retenir la chose jusqu'au moment de l'action en justice ?

Quant à la procédure des *judicia extraordinaria*, elle eut une grande influence sur le droit de rétention. Elle transforma ce droit, et la forme nouvelle qu'il prit à cette époque fut celle qu'il a toujours conservée depuis. Déjà, sous le système formulaire, le magistrat se réservait un certain nombre d'affaires qu'il décidait par lui-même ; tels étaient les procès concernant les fidéicommis. Cet usage s'élargit de plus en plus, et par une constitution de l'an 294, Dioclétien prescrivit aux présidents de province de décider par eux-mêmes le plus d'affaires possible. Cette constitution ne contenait pas positivement l'abrogation des formules ; mais comme elles n'avaient plus de raison d'être, elles ne tardèrent pas à disparaître elles-mêmes. Bientôt un troisième événement vint compléter ce changement : dans le système formulaire toute condamnation était pécuniaire ; cet usage disparut avec les formules. Nous voyons aux Instituts que le juge peut rendre une sentence s'appliquant *certæ pecuniæ vel rei* (L. 4, tit. 6, § 32), et une constitution au Code nous prouvant que ces idées étaient depuis longtemps admises (L. 17, liv. 7, tit. 4). On comprend quel fut l'effet de ces changements sur le droit de rétention ; jusqu'alors, il s'était exercé dans les actions de droit strict et arbitraires, au moyen de l'exception de dol ; les parties devaient, avant que l'instance fût engagée *in judicio*, se faire délivrer par le magistrat cette exception, sinon le juge n'aurait eu d'autre pouvoir que de vérifier l'*intentio* du demandeur, et, cette *intentio* prouvée, il aurait condamné le défendeur sans avoir égard aux motifs que ce dernier pouvait avoir de faire diminuer la condamnation. Actuellement, un tel résultat ne peut plus arriver ; il n'est plus question d'exceptions venant apporter une restriction à une formule qui n'existe plus ; si le nom est resté, la signification a changé complètement. Car il ne s'agit plus que de simples moyens de défense que le défendeur opposera dans le cours de l'instance, lorsqu'il le jugera convenable, sans avoir besoin d'aucune formalité préalable. De plus, les condamnations n'étant plus pécuniaires, le juge ne sera plus forcé de convertir le droit de rétention opposé par le défendeur en une diminution de la condamnation, mais il subordonnera les restitutions à faire par le défendeur à l'exécution de l'obligation du demandeur. Un passage d'Ulpien, que les rédacteurs du Digeste ont dû modifier (L. 26, § 4, *de condict. indeb.*), nous offre un exemple frappant des modifications dont nous venons de parler, en nous montrant le droit de rétention comme résultant de la procédure elle-même. Le jurisconsulte termine par ces mots : « *Ager autem retinebitur donec debita pecunia solvatur.* » Ainsi, il n'est plus question de l'exception de dol, mais du droit de rétention, tel que nous le comprenons encore aujourd'hui, car, il faut bien le remarquer en finissant, cette nouvelle forme, que le droit de rétention prend à l'époque de Justinien, nous la retrouverons dans l'ancien droit et dans le droit actuel. Toutefois, l'étude que nous avons faite du droit de rétention sous le système formulaire, n'était pas inutile, vu que, si la forme et les effets ne sont plus les mêmes, les conditions et les caractères n'ont pas changé, parce que, tenant à l'essence

même du droit, ils sont restés indépendants de modifications survenues dans la procédure.

L'origine du droit de rétention et ses modifications
successives ainsi constatées, nous pouvons considérer ce
droit en lui-même, ses effets, ses modes d'extinction et
enfin ses applications diverses.

SECTION II.

CONDITIONS GÉNÉRALES DE L'EXISTENCE DU DROIT DE RÉTENTION.

Deux conditions étaient nécessaires pour exercer le
droit de rétention : il fallait être 1° créancier, 2° possesseur.

§ 1er. *Etre créancier.* — La première condition ne
souffre aucune difficulté, car il est évident que la rétention étant un droit accessoire, suppose nécessairement
une créance. C'est pourquoi nous voyons la L. 14, *de
donat.*, D., refuser la *retentio* à celui qui a cultivé le
fonds d'autrui dans un but de pure libéralité. Celui-là,
en effet, ne devient pas créancier qui gère utilement
l'affaire d'autrui *donationis causâ.* Du reste, il suffirait
que cette créance fût naturelle ; de telles créances ne
donnent pas, il est vrai, d'action, mais elles peuvent
être opposées sous forme d'exception, comme nous le
prouve ce texte d'Ulpien : *Nuda pactio obligationem non
parit, sed parit exceptionem* (L. 7, 54, *de pactis*).

§ 2. *Etre possesseur.* — Cette deuxième condition
ressort de la nature même du droit de rétention. Il est

évident qu'on ne peut retenir que ce qu'on possède, du moment que le créancier a perdu cette possession, il ne peut plus s'agir pour lui de rétention (§ 30, tit. 1er, liv. 2, *Inst.* de Justinien; L. 14, § 1, *commun. div.*, D. Paul). Mais peu importe la nature de la possession, la simple détention est suffisante, et cela résulte implicitement de la loi 9 *rei vind.* D., dans laquelle nous voyons que les exceptions peuvent être opposées par un possesseur quelconque. Je vais même plus loin, et je dis que du moment qu'une personne oppose le droit de rétention, elle n'est plus que simple détentrice, car elle reconnaît nécessairement qu'une autre personne est propriétaire. Il faut donc prendre ici le mot possession dans son sens le plus large, comprenant à la fois et celui qui possède *animo domini,* avec ou sans *justa causa,* et celui qui ne possède pas à proprement parler, qui détient seulement, qui est *in possessione.*

Les deux conditions que nous venons d'énumérer suffisent pour pouvoir opposer la rétention.

SECTION III.

CARACTÈRES DU DROIT DE RÉTENTION.

Le droit de rétention est un droit réel, accessoire et indivisible.

Réel. — La réalité du droit de rétention consiste en ce que le créancier a sur la chose un droit absolu, opposable aux tiers aussi bien qu'au débiteur lui-même.

Ce caractère du droit qui nous occupe, si nécessaire cependant à son efficacité, a trouvé de nombreux adversaires qui ont cru découvrir en Droit romain un argument à l'appui de leur opinion (Troplong, *nantis*. n° 448; Dalloz, *Répertoire*, v° *rétention*; Zachariæ, 434). Cette doctrine nous paraît inexacte, car des textes formels admettent la réalité du droit de rétention, en permettant de l'opposer aux tiers; ainsi, L. 29, liv. 20, tit. 1er : *Sed bonâ fide possessores non aliter cogendos creditoribus ædificium restituere quam sumptus in exstructione erogatos, quatenus locupletior res facta est, receperent.* On oppose, il est vrai, la loi 2, § 1, *doli mali except.* : *et illud adnotandum est quod specialiter exprimendum est de cujus dolo quis quæratur : non in rem; si in eâ re dolo malo factum est : sed sic, si in eâ re nihil dolo malo actoris factum est.* Au premier abord on serait tenté d'induire de ce passage que l'exception de dol est une exception personnelle, et qu'à ce titre elle ne peut être opposée à d'autres qu'au propriétaire. Mais cela serait inexact : d'après ce texte même, il suffit que le droit émane du demandeur pour que l'exception soit justifiée : or le créancier, qui prétend reprendre des mains du détenteur ce qui appartient à son débiteur, sans l'indemniser préalablement, commet évidemment un dol auquel s'applique une autre partie du fragment : *si inter initia nihil dolo malo facit, attamen nunc petendo facit dolose.*

Ainsi, l'exception de dol était opposable à tout demandeur auquel un dol pouvait être reproché.

Cette conclusion fournit à nos adversaires une deuxième objection tendant à faire rejeter le droit de rétention comme droit réel. Comment comprendre, disent-ils, que

le droit de rétention qui ne s'exerçait en justice qu'au
moyen de l'exception de dol fût un droit réel, puisque
vous reconnaissez qu'il ne pouvait être opposé qu'à un
certain nombre de personnes et pas à d'autres?

Quelque spécieuse que soit cette objection, il est
possible d'y répondre : en effet, dans notre ancien droit,
il est incontestable que le droit de rétention était considéré comme un droit réel. Dumoulin l'atteste de la façon
la plus formelle : *Jus retentionis est reale* (*Cout. de
Paris*, t. 2, art. 128). Or, malgré ce caractère, si positivement reconnu au droit de rétention, Pothier n'hésite
pas à le déclarer non opposable au propriétaire trop
pauvre pour pouvoir rembourser la dépense faite par le
possesseur (347, de la propriété). Cependant, ce droit
est sans contredit un droit réel : y a-t-il contradiction
entre ces deux décisions de nos anciens auteurs? Je ne
le crois pas; que faut-il pour qu'un droit soit réel? Qu'en
principe, il soit opposable à toute personne; or, le droit
de rétention, nous l'avons démontré, est opposable
aussi bien aux autres créanciers qu'au débiteur lui-
même; ce principe fléchit, il est vrai, devant certaines
considérations d'équité; mais qu'importe, il n'en est pas
détruit pour cela. Ainsi, en principe, le droit de rétention est un droit réel, mais cette règle souffre exception
dans un cas particulier : l'empereur Gordien accorda le
droit de rétention au créancier gagiste comme garantie
des autres créances qu'il a contre le même débiteur;
mais par une bizarrerie difficilement explicable, il dé-
clara que ce droit de rétention n'est pas opposable aux
autres créanciers; c'est ce qui est clairement expliqué
par la loi unique, *etiam ob chirographariam.*

Accessoire. — Le droit de rétention est essentiellement accessoire, puisqu'il implique l'existence d'un autre
droit principal dont il est la garantie.

Indivisible. — Enfin, le droit de rétention est un
droit indivisible, en ce sens qu'il subsiste en entier jusqu'au paiement intégral de la créance qu'il garantit.
Ainsi, quelque considérables que soient les à-comptes
qu'il a reçus, le créancier peut refuser la restitution jusqu'à ce que le débiteur soit entièrement libéré. (L. 13,
§ 8, *de act. empt.*, D.).

Ajoutons : que le droit de rétention est conventionnel
ou tacite : conventionnel, s'il résulte de la convention
des parties, ex. : celui qui forme un des éléments du
pignus et de l'antichrèse ; tacite, s'il existe indépendamment de toute convention et comme garantie spéciale,
que ce droit s'applique à toute espèce d'objets, meubles
ou immeubles; qu'enfin, il peut être cédé. (L. 14, § 1,
comm. divid., D; Voët, *ad Pandectas de compens.*, § 20,
in fine).

En outre, remarquons que le droit de rétention a de
grandes analogies avec :

L'*exception* qui est aussi un moyen de défense, basée
sur l'équité, mais dont il diffère en ce que son but
est simplement de réclamer une indemnité et son
résultat principal d'assurer un paiement;

La *compensation* qui s'exerce aussi *in executione* et
dont les résultats sont presque identiques, mais dont il
diffère en ce qu'il suffit que la créance du rétenteur soit
légitime et certaine (sans que les deux dettes soient
liquides et comprennent des objets de même genre et de
même espèce), et en ce qu'il n'est pas compris comme

elle parmi les modes d'extinction, *ipso jure*, des obligations;

Le *gage* dont il diffère en ce qu'il est une sorte de voie de fait intervenue sans le consentement du propriétaire ou du créancier, et qu'il n'emporte au profit du créancier que la faculté de retenir et non celle de faire vendre ;

La *possession* qui est la cause génératrice de ce droit, mais à laquelle on ne peut l'assimiler, car il ne suppose pas comme elle l'*animus domini*.

Terminons l'exposé de cette section en indiquant les différentes divisions du droit de rétention que les auteurs ont cru nécessaire d'établir.

On devrait reconnaître, d'après les dispositions des lois romaines :

1° Le droit de rétention légitime, *jus retentionis legale*, se réalisant dans les cas spécifiés par la loi;

2° Le droit de rétention volontaire, œuvre de la volonté des parties, subdivisé en *conventionale et testamentarium*.

Enfin, d'après des commentateurs plus récents (Balde et Gluck) :

1° Le droit de rétention simple, c'est-à-dire provenant de sa source naturelle, ayant une existence indépendante de toute autre cause que la dette contractée pour la conservation ou l'utilité de la chose retenue ;

2° Le droit de rétention qualifié, qui n'est que l'accessoire d'un rapport juridique existant précédemment entre parties (exemple : droit de rétention du créancier gagiste, du vendeur non payé).

SECTION IV.

DROIT QUE LA RÉTENTION CONFÈRE AU CRÉANCIER.

Nous savons que trois avantages, tantôt réunis, tantôt séparés, peuvent résulter des droits réels affectés à la garantie des créances. Ce sont : 1º le droit d'expropriation, c'est-à-dire le droit pour le créancier de faire vendre la chose qui est soumise à son droit réel, en en transmettant la propriété du débiteur à une autre personne choisie par le dit créancier, qui convertit ainsi la chose en monnaie, et obtient le paiement de ce qui lui est dû ; 2º le droit de suite, c'est-à-dire le droit pour le créancier de saisir la chose, en quelque main qu'elle se trouve ; et 3º le droit de préférence, c'est-à-dire le droit pour le créancier de se faire payer exclusivement sur le prix de la chose qu'il a fait vendre, sans subir le concours des autres créanciers.

La rétention confère-t-elle au créancier chacun de ces avantages ou seulement quelqu'un d'entr'eux ?

§ 1. — Quant au droit d'expropriation, la négative n'est pas douteuse : le créancier ne l'a qu'en qualité de chirographaire, en suivant les formes imposées au chirographaire.

§ 2. — Il en est de même quant au droit de suite : car la perte de la possession entraîne celle de la garantie. C'est là la règle, et elle est conforme au principe déjà constaté, « que la rétention peut appartenir même à celui qui n'a que la simple détention. » Mais si le créan-

2

cier, à qui appartient la rétention, est, non un simple
détenteur, mais bien un véritable possesseur, par exemple, un créancier gagiste, grâce aux actions par lesquelles le préteur protège la possession, il pourra recouvrer
celle-ci et opposer alors utilement la rétention. Ainsi, il
aura une sorte de droit de suite, mais indépendant de la
rétention.

§ 3. — Enfin, quant au droit de préférence, en principe, il n'appartient pas au créancier en vertu de son
droit de rétention, de telle sorte que s'il fait vendre la
chose et la convertit en une somme d'argent, il ne
pourra exercer de droit de préférence sur cette somme.
Mais, indirectement, et ce d'une manière générale, le
créancier, possesseur de bonne foi, jouit d'un véritable
droit de préférence, pouvant, en effet, repousser les
poursuites des autres créanciers, même gagistes (L. 29,
§ 2 D. *De pig. et hyp.*) ou hypothécaires (L. 44, § 1, D.
(*Damni infecti*); il retient la chose jusqu'à ce que ceux-ci
l'aient désintéressé. C'est là ce qui résulte de plusieurs
lois (L. 8, C. *qui potiores;* L. 10, Dig. *De pig. et hyp.*,
et L. 21, § 1, Dig. *qui potiores*), qui confèrent au créancier gagiste, nanti le premier, le droit d'empêcher un
créancier gagiste postérieur de vendre l'objet engagé,
jusqu'à ce que sa créance ait été entièrement soldée.

On voit que le droit de détention a pour effet immédiat d'assurer au créancier possesseur la détention de la
chose du débiteur, jusqu'à entière libération. Cette
détention ne constitue en aucune sorte une jouissance;
le créancier, en effet, ne peut pas s'approprier les fruits
ou les avantages que la chose produit naturellement, il
peut seulement retenir les fruits, à la charge d'en rendre
compte.

SECTION V.

VOIES JURIDIQUES PAR LESQUELLES S'EXERCE LA RÉTENTION.

La *retentio* est un moyen de défense indirect opposé par le défendeur à une action, soit *in rem*, soit *in personam*, ayant pour but d'obtenir la restitution de la chose qu'il détient.

C'est un moyen de défense indirect, car, en le supposant vérifié, il n'en résulte pas nécessairement que la demande n'était pas fondée. Que prétend le demandeur, dans l'*intentio*, par exemple? qu'il est propriétaire ou créancier. Le défendeur, en opposant le droit de rétention, ne conteste nullement cette qualité; il objecte seulement qu'il y a dol de la part de son adversaire à exiger, dans l'état, la restitution de sa chose.

Pour déterminer comment le défendeur fera valoir ce moyen de défense, il faut rappeler la division tripartite que les jurisconsultes faisaient des actions en actions de droit strict, de bonne foi et arbitraires. Cette division provenait de la nature et de l'étendue des pouvoirs conférés au juge. Dans l'action de droit strict, la formule pose au juge une question de droit civil, dans laquelle il est strictement renfermé, sans pouvoir prendre en considération aucune circonstance de bonne foi et d'équité. Dans l'action de bonne foi, au contraire, le juge est chargé de condamner ou d'absoudre selon la bonne foi (*ex bona fide*). Enfin, l'action arbitraire est celle dans laquelle le juge, au moyen de ces expressions : *nisi restituat*, reçoit par la formule le pouvoir de rendre, avant sa sentence, un ordre préalable (*arbitrium*), par lequel appréciant, *ex œquo et bono*, la satisfaction due au demandeur, il enjoint au défendeur de donner cette satisfaction. Mais remarquons, avant d'aller plus loin, qu'il n'y a que cette partie de l'action que le juge ait le pouvoir de décider *ex œquo et bono;* vu que, du reste, l'action arbitraire n'est pas une action de bonne foi ; le juge ne peut y statuer *ex œquo et bono* sur l'existence du droit ; ce qui le prouve, c'est que l'exception de dol n'y est pas sous-entendue, puisqu'on la trouve souvent opposée à la revendication. (Inst. § 30, *rerum divis.*)

Cette division des actions connue, il est facile de comprendre le rôle que joue l'exception de dol dans la procédure romaine. Que l'on suppose, par exemple, une revendication intentée contre un possesseur qui a fait des dépenses nécessaires sur le fonds, objet du litige. D'après les règles du droit civil, le défendeur n'a aucun moyen de se faire tenir compte de ces dépenses. Il se verra donc forcé soit de restituer, soit de subir la condamnation, sans pouvoir obtenir du demandeur aucune indemnité. C'est pour obvier à ce résultat inique que le préteur eut la pensée d'introduire dans la formule, au profit du défendeur, une exception ainsi conçue : *Si nihil in eâ re dolo malo actoris factum sit neque fiat.* Ainsi le préteur, en imaginant l'exception de dol, avait eu pour but de venir en aide au défendeur dans le cas où la condamnation, nécessaire d'après les règles du droit civil, eût été en opposition avec celles de l'équité. *Ideo autem hanc cœceptionem Prœtor proposuit ne cui dolus*

*suus per occasionem juris civilis contrà naturalem æqui-
tatem prosit.* (L. 1, § 1, *de doli mali exceptione*).

Quel était, au juste, l'offet de cette innovation du préteur? Entrainait-elle l'absolution du défendeur si elle
était justifiée, ou n'avait-elle d'autre résultat que de
faire diminuer la condamnation ? Cette question délicate
divise les meilleurs esprits. A l'appui de la première
opinion, on fait remarquer que le juge n'a d'autre alternative dans les actions de droit strict, que de condamner
le défendeur ou de l'absoudre, suivant que l'identité se
trouve ou non vérifiée ; or, dit-on, si le défendeur prouve
l'exception, l'*intentio* n'est plus justifiée, donc il doit être
absous. Quelque grave que soit l'autorité de ceux qui
défendent cette opinion, nous ne saurions l'adopter : le
juge n'a, nous dit-on, d'autre alternative que de condamner ou d'absoudre ; cela est parfaitement exact si la
formule ne contient aucune exception ; mais la question
est précisément de savoir si l'admission d'une exception
de dol n'a pas pour résultat de permettre au juge de
sortir de cette alternative et de modérer une condamnation qui serait exagérée d'après les principes du droit
civil ; or, cette solution, moins absolue que la première
et plus conforme aux règles de l'équité, nous parait
résulter de différents textes.

Dans la loi 38, *de rei vind.*, Celsus suppose que le
revendiquant n'a pas fait droit à la demande opposée
par le défendeur. Ce dernier sera-t-il absous? Nullement ; la condamnation sera seulement diminuée, *eo
deducto, tu condemnandus es.*

Suivant un fragment de Neratius, qui forme la loi 9,
§ 1, *de condict. caus. dat.*, *Primus* se croyant, par erreur,

le débiteur d'une femme, a promis, sur son ordre, une
certaine somme à son fiancé; pendant le mariage,
Primus ne pourra opposer au mari l'exception du dol;
mais à sa dissolution, *Primus* commence à pouvoir
opposer l'exception de dol à la *condictio* du mari. Or,
quel sera l'effet de cette exception? *In eo duntaxat*
exceptionem obstare debere quod mulier receptura esset.
Ce second texte est donc aussi formel que le premier,
peut-être même est-il plus concluant, car il s'agit ici
d'une action de droit strict. Concluons donc avec la
L. 12, liv. 39, tit. 6, que l'insertion dans la formule de
l'exception de dol a pour effet d'assimiler les actions de
droit strict aux actions de bonne foi ; le juge, ayant alors
la même latitude que dans ces dernières, peut décider
le procès d'après les règles de l'équité et sauvegarder
les droits des deux parties.

Ceci posé, il sera facile de comprendre comment
l'exception de dol conduisait aux résultats pratiques du
droit de rétention : une personne détient un immeuble
ou un meuble appartenant à son débiteur, celui-ci
réclame sa propriété sans s'acquitter de ce qu'il doit, le
détenteur peut alors refuser la restitution et faire insérer
dans la formule l'exception de dol; devant le juge, il
prouve son exception et obtient, par la diminution de la
condamnation, le remboursement de ce qui lui est dû.

Le même résultat était obtenu dans les actions de
bonne foi, non plus au moyen d'une exception de dol
qu'il était inutile d'insérer dans une telle formule, mais
par suite du pouvoir que le juge puisait dans la nature
même de l'action et qui lui permettait de ne condamner
que d'après l'équité.

Mais de ce que, pour atteindre ce résultat, l'intro-
duction de l'*exceptio doli* dans la formule de l'action de
droit strict était indispensable, il résulte que le défendeur, qui avait négligé de l'y faire insérer, devait être
condamné à restituer la chose détenue par lui, sans que
le *judex* pût prendre en considération ce dont il était
créancier envers le demandeur; qu'en un mot il était
déchu du droit de rétention.

Cette déchéance entraînait-elle l'impossibilité de
recouvrer sa créance? ou bien pouvait-il agir par voie
d'action après avoir restitué la chose ou payé le montant
de la condamnation? Il peut assurément réclamer ce
qui lui est dû par voie d'action, lorsqu'il trouve dans le
droit civil ou le droit prétorien un principe d'action qui
lui permet d'agir. Il en est ainsi dans le cas de gage ou
de *commodat* (L. 8, *princ. de pignerat. act.*; L. 18,
§ 4, *commodati*).

Pothier soutient que, dans tous les cas, on peut répéter
les impenses par l'action *negotiorum gestorum contraria
utilis*, argumentant des Lois 8 *de pignerat. act.*, 7, § *in
fine, solut. matrim.*, D. (qui doivent être écartées, car il
y a contrat, donnant par suite naissance à l'action de
gestion d'affaire), et 6, § 3, *de neg. gest.* (que vient détruire la Loi 14, § 1, *commun. div.*, D.).

Cujas lui aussi, généralisant cette solution, admet
qu'il est permis, dans tous les cas, de recouvrer ses impenses au moyen de la *condictio indebiti* (T. 7, p. 289).
On peut douter de l'exactitude de cette opinion, lorsque, en examinant les textes invoqués à l'appui, on remarque qu'ils sont relatifs à des hypothèses où celui qui a
omis la rétention était débiteur et tenu par action per-

sonnelle (L. 40, § 1, *de condict. indebiti*; L. 29, § 1, *de don. inter virum et uxor.*). Ayant ainsi payé, par erreur, plus qu'il ne devait, il aura la *condictio indebiti* ; mais on n'est pas autorisé à en induire l'existence d'un principe général, en vertu duquel le seul fait d'avoir fait des dépenses, donne à lui seul et dans tous les cas une action pour les recouvrer. D'ailleurs, dans cette opinion, il devient impossible de comprendre la L. 48, *de rei vindic.* « *Sumptus in prædium, quod alienum esse* » *apparuit, a bonâ fide possessore facti neque ab eo qui* » *prædium donavit, neque a domino peti possunt, verùm,* » *exceptione doli mali positâ, per officium judicis æqui-* » *tatis ratione servantur.* »

Ce principe constaté, qu'il n'existe pas d'action qui supplée d'une manière générale le droit de rétention qui n'a pas été opposé par le défendeur, je crois cependant qu'il existait quelquefois au profit de ce défendeur un moyen indirect de recouvrer la garantie qu'il avait perdue. Cela devait se présenter toutes les fois que le droit prétorien lui offrait une voie juridique pour se faire restituer la possession qu'il avait perdue ou abandonnée (*ex* : *interdit utrubi*). Il pouvait ensuite, lorsqu'il était poursuivi, opposer la *retentio*. Mais un tel secours ne pouvait servir qu'à un bien petit nombre de personnes qui pouvaient prétendre à la *retentio*, pusqu'en principe les interdits ne protègent que le véritable possesseur (*cum animo domini*), non pas le simple détenteur, et qu'il fallait par ailleurs se trouver dans les conditions nécessaires pour avoir droit à un interdit *recuperandæ possessionis.*

Le droit civil venait même au secours du rétenteur

qui avait perdu la possession, non par abandon volontaire, mais parce que la chose lui avait été soustraite ; il lui accordait l'action *furti*. (L. 14, § 1 ; L. 15, § 2, *de furtis*, D.).

Enfin, si le défendeur, qui, ayant le droit de rétention, n'en a pas usé, n'a plus en général de moyen juridique de contraindre le propriétaire à le désintéresser, ce dernier n'en reste pas moins tenu à son égard d'une obligation naturelle, et si, la reconnaissant, il vient à payer, il ne pourra plus répéter. (L. 51, *de condict. indeb.*, D.).

SECTION VI.

EXTINCTION DU DROIT DE RÉTENTION.

Du caractère accessoire de la *retentio* résulte la division en deux catégories bien distinctes de ses modes d'extinction. Ce droit s'éteint, soit par voie accessoire, soit par voie principale.

§ 1. — La rétention s'éteint par voie accessoire chaque fois que la créance qu'elle garantit vient à disparaître, car cette créance est, par rapport à elle, chose principale, et *accesssorium sequitur principale*. Cela est certain s'il s'agit de paiement et d'acceptilation. En est-il de même de la novation ? Oui, sans doute, lorsque la novation s'opère par changement de créancier. Mais nous pensons qu'il en est autrement dans les autres cas, parce que le créancier pourra, comme précédemment, opposer au débiteur qu'il y a dol de sa part à réclamer sans indemnité l'objet retenu. Il en est de même des autres modes d'extinction des obligations.

§ 2. — Elle s'éteint par voie principale chaque fois que, par suite de quelque événement, elle ne peut plus être invoquée par le créancier, encore bien que la créance à laquelle elle se rattache continue à subsister; par exemple :

Lorsque le créancier possesseur abuse de la chose qu'il a le droit de retenir. La loi 24, § 3, D. *de pign. act.*, qui le décide pour le contrat de gage, doit être manifestement étendue à tous les autres cas où le droit de rétention peut se réaliser. Le rétentionnaire pourra, par une action directe, se faire rendre la chose retenue, même avant d'avoir remboursé sa dette.

Lorsqu'il y a consentement du créancier à ne pas se prévaloir de son droit. (Arg., L. 9, § 3, *de pignerat. act.*, D.).

Lorsqu'il y a poursuites exercées par le rétenteur lui-même à l'effet de vendre la chose. La *retentio* étant essentiellement un moyen de défense ne peut, en effet, être d'aucune utilité à celui qui joue le rôle de demandeur.

Lorsqu'il y a perte de la chose. Enfin, lorsqu'il y a abandon volontaire de la part du détenteur de la possession qui est la condition essentielle pour l'exercice de son droit. Observons, comme nous l'avons déjà dit, que dans certains cas, comme par exemple, s'il y a dépossession par le fait d'un tiers, le rétenteur a la ressource des interdits au moyen desquels il se fait remettre en possession, et peut alors opposer utilement la rétention.

SECTION VII.

On peut les envisager à un double point de vue, suivant que l'on s'occupe des rapports du créancier rétenteur avec le propriétaire débiteur ou avec les autres
créanciers de ce débiteur.

§ 1. — Dans les rapports du créancier avec le débiteur, l'utilité du droit de rétention est incontestable,
lorsque le créancier n'a que ce moyen de se procurer le
paiement de ce qui lui est dû.

Mais si le créancier peut agir également par voie d'action, l'utilité de ce droit semble peu importante. C'est là
une erreur dont il est facile de se convaincre.

Et, en effet, comme le créancier détient la chose, en
agissant par voie de rétention, il remplit dans le procès
le rôle de défendeur, ce qui est plus avantageux que
d'être demandeur, en ce que c'est au demandeur qu'in-
combe le fardeau de la preuve. (L. 15, *in fine de operis
novi nunciatio D.*). Il est vrai que *reus excipiendo fit actor*,
et que le défendeur sera obligé à son tour de prouver
l'existence de la créance pour laquelle il oppose la rétention ; mais la nécessité de cette preuve n'est que subsidiaire et subordonnée à celle qu'aura faite le demandeur ; si donc celui-ci ne prouve pas son droit de
propriété ou de créance sur la chose retenue, le défendeur sera absous, lors même que de son côté il n'aurait
rien prouvé. (L. 4, *in fine, de edendo C.*)

Puis, en n'abandonnant pas la possession de la chose pour exercer l'action qui lui compète, il obtient l'avantage, en premier lieu, de faire porter la contestation sur le possessoire, et d'y triompher alors même que sa possession serait vicieuse, c'est-à-dire entachée ou de violence ou de clandestinité, ou de précarité, pour qu'il n'y eût pas vice à l'égard de l'adversaire actuel. (L. 1, § 9, l. 2, *uti possidetis D.*)

En outre, l'exercice de la rétention engagera le débiteur au paiement de la créance due au rétenteur. Ce droit augmente tout à la fois les chances de paiement et fournit au détenteur un moyen d'obtenir un paiement plus prompt si le débiteur a un besoin pressant de sa chose ou désire vivement rentrer en possession.

Enfin, la *retentio* constitue une économie de temps et de frais, puisque dans la même instance le juge peut, par une seule et même sentence, vider des contestations qui pourraient faire l'objet de deux procès distincts.

§ 2. — Dans les rapports du créancier rétenteur avec les ayants-cause de son débiteur, ses créanciers, la *retentio* lui donne l'avantage considérable de ne point subir leur concours, d'obtenir un paiement intégral.

CHAPITRE II.

APPLICATIONS : DU DROIT DE RÉTENTION A RAISON DES IMPENSES FAITES A L'OCCASION DE LA CHOSE.

Disons préalablement un mot sur les impenses à l'occasion des fruits.

IMPENSES A L'OCCASION DES FRUITS.

Les jurisconsultes romains ont fait une aussi large application que possible, en ce qui concerne les dépenses pour les fruits, du principe fondamental de la rétention.

Les dépenses faites à l'occasion des fruits produits par la chose peuvent être de diverses natures. Les unes peuvent être considérées comme nécessaires, les autres comme simplement utiles. Il faudrait ranger dans la première catégorie celles qui ont été faites soit pour recueillir les fruits (par exemple le paiement des ouvriers qui ont été employés à la moisson), soit pour les conserver (par exemple le louage des bâtiments pour engranger la moisson), car sans ces dépenses les fruits auraient péri ou se seraient détériorés. Dans la seconde, il faudrait placer celles qui ont eu lieu pour arriver à la production même de ces fruits (frais de labour, engrais et ensemencements).

Mais cette distinction n'a aucune importance pratique. Toutes les dépenses faites à l'occasion des fruits sont régies par une règle commune, quelles qu'elles soient : le possesseur, qui les a faites de bonne ou de mauvaise foi, a le droit de les déduire des fruits qu'il doit restituer. Cette règle ne souffre aucune exception. Si donc celui auquel appartiennent les fruits les réclame du détenteur sans vouloir lui tenir compte de ses impenses, celui-ci usera du secours de l'exception de dol (L. 36, § 5, *de her. pet.;* L. 51, *pr. fam. ercisc.;* L. 7, *pr. solut. matr.,* D.).

Mais s'il n'y a pas de fruits à restituer, soit qu'ils aient péri, soit que le fonds ait manqué à les produire ; ou si les fruits sont d'une valeur inférieure aux impenses, nous pensons que le possesseur pourra néanmoins se faire tenir compte des impenses, malgré que nous n'ayons là-dessus qu'un texte relatif à la pétition d'hérédité qui accorde ce droit au possesseur de bonne foi (L. 37, *de her. pet.*, D.). Nous retrouvons, en effet, ici les deux éléments seuls indispensables pour assurer au défendeur le droit de rétention : une chose en sa possession (celle qui a produit les fruits), une créance dont l'équité exige le paiement.

IMPENSES A RAISON DE LA CHOSE.

§ 1er *Actions réelles.* — On distingue en Droit romain plusieurs sortes de dépenses. Elles sont nécessaires, utiles, voluptuaires ou de simple entretien.

Nécessaires. — Lorsqu'elles sont de telle nature que leur omission eût compromis la chose, par exemple, la réparation d'une maison qui menace ruine.

Utiles. — Lorsqu'elles ont produit une augmentation de valeur, comme une plantation de vigne ou d'oliviers.

Voluptuaires. — Lorsqu'elles n'ont produit aucune plus-value, comme des pelouses et autres embellissements du même genre.

De simple entretien. — Cette désignation indique suffisamment la nature de ces dépenses.

Examinons ces diverses sortes de dépenses et distin-

guons pour cela le possesseur de bonne foi et celui de
mauvaise foi.

A. *Possesseur de bonne foi.* — Il peut, au moyen de
l'exception de dol, se refuser à la restitution de l'objet
jusqu'à ce qu'il ait été remboursé des dépenses nécessaires qu'il a faites. Sans elles, en effet, la chose serait
détériorée, peut-être même n'existerait-elle plus. Il peut
également opposer cette exception pour le remboursement des dépenses utiles. Nous lisons, en effet, L. 7,
§ 12, *de acquir. rerum dominio : Certè si dominus soli
petat ædificium, nec solvat pretium materiæ et mercedes
fabrorum, poterit per exceptionem doli mali repelli, utique
si nescit qui ædificavit alienum solum esse et tanquam in
suo bonâ fide ædificavit; nam si scit, culpa ei objici po-
est quòd tamen ædificavit, in eo solo quod intelligeret
alienum.*

Ainsi, le possesseur de bonne foi peut exercer le
droit de rétention pour la garantie du remboursement
des dépenses utiles qu'il a faites. Toutefois, ce remboursement sera au choix du propriétaire, ou de la plus-
value, ou du chiffre même des dépenses. Il pourra même
se faire que le droit du possesseur de bonne foi soit
encore restreint davantage. Supposons, en effet, que ces
dépenses sont telles que le propriétaire ne pourrait les
rembourser sans vendre le fonds lui-même, le préteur
fera de préférence supporter la perte au possesseur. Il
sera seulement permis à ce dernier d'enlever ce qu'il a
apporté sur le fonds; il pourrait même être forcé de
laisser le tout dans le cas où le propriétaire lui offrirait
le prix des matériaux.

Quant aux dépenses voluptuaires, elles n'autorisent

en aucune façon le possesseur à retenir (L. 3, § 4, *de in rem verso*; L. 27, *princ. neg. gest.*), mais il serait fondé à reprendre ce qu'il pourrait enlever sans détérioration.

Les dépenses d'entretien ne donneraient pas lieu davantage au droit de rétention. Le possesseur de bonne foi, percevant à son profit les fruits avant la *litis contestatio*, ne peut réclamer les dépenses de cette nature qu'il a pu faire pendant le même temps, car elles étaient une charge de sa jouissance.

B. *Possesseur de mauvaise foi.* — Quant aux dépenses nécessaires, il peut, au moyen de l'exception de dol, retenir le fonds jusqu'à ce que le revendiquant lui en ait tenu compte. De quoi se plaindrait le propriétaire qui, sans ces dépenses, n'eût pas retrouvé sa chose ou du moins l'eût retrouvée dégradée et d'une valeur beaucoup moindre.

Quant aux dépenses utiles, la question est des plus controversées; selon nous, il ne peut retenir; il peut seulement retirer sans détérioration ce qu'il a mis sur le fonds.

A l'égard des dépenses voluptuaires, les droits du possesseur de mauvaise foi sont les mêmes que ceux du possesseur de bonne foi. Il ne peut, en ce cas, demander qu'il lui en soit tenu compte; le seul droit qu'il peut exercer, c'est celui de détacher ce qui peut l'être.

Pour les dépenses d'entretien, nous avons dit qu'elles étaient une charge des fruits. Le possesseur de mauvaise foi, obligé de rendre tous les fruits, déduira les sommes qui lui sont dues.

Les droits du possesseur de mauvaise foi examinés, nous retrouvons ici le droit accordé au tiers détenteur de retenir vis-à-vis des créanciers la chose sur laquelle il a fait des dépenses (L. 29, § 2, D. *de pign et hyp.*).

Nous arrivons aux actions personnelles.

§ 2. *Actions personnelles et contrats.* — Dans ces actions, le but du droit de rétention n'était plus de suppléer à une action, mais plutôt de servir de moyen de coërcition au créancier. Le défendeur qui ne voulait pas en user, avait, pour obtenir le remboursement de ses impenses, une action *contraria*, puisant sa source dans les rapports qui avaient mis la chose à sa disposition.

Toutefois, on comprend que ce dernier avait intérêt à l'opposer, non seulement pour obtenir plus promptement le paiement de ce qui lui était dû, mais aussi pour éviter une double instance, qui entraînait toujours une perte d'argent et de temps. Nous allons examiner successivement les cas dans lesquels pouvait se présenter le droit de rétention.

Nous en trouvons plusieurs dans les contrats réels.

A. *Contrats réels.*

Commodat. — Le commodataire a le droit de conserver la chose jusqu'au remboursement des dépenses qu'il a faites à cette occasion. Nous lisons, L. 15, *de furtis* : « *Ergo si ob aliquas impensas quas in rem commodatam fecisti, retentionem ejus habueris, etiam cum ipso domino, si eam subripiat, habebis furti actionem quia eo casu quasi pignoris loco ea res fuit.* »

Même solution, L. 18, § 2, *de commodati* : bien entendu, le commodataire ne pourrait exercer ce droit pour garantir des créances étrangères au prêt lui-même. C'est ce que nous dit une constitution de Dioclétien (Const. 4, Code, *de commodato*).

3

Voët, interprétant ce texte d'une manière générale, a voulu en induire qu'il refuserait le droit de rétention pour toutes créances : c'est qu'en effet, a-t-il dit, il est contraire à l'équité de l'accorder dans ce cas; ce serait mal récompenser la générosité du prêteur. Ces raisons ne sont pas suffisantes pour donner à la constitution de Dioclétien le sens que cet auteur prétend y attacher.

Le commodant a pu avoir confiance dans le soin et la solvabilité du commodataire, tandis que ce dernier, s'il était forcé de restituer, perdrait peut-être, en se dessaisissant de la chose, son seul espoir de paiement.

Dépôt. — La même question se présente à l'égard du dépositaire auquel on conteste également le droit de retenir.

Nous pensons qu'il l'avait également, et cela se comprend d'autant mieux que sa position est bien plus favorable que celle du commodataire. En vain alléguera-t-on la fidélité qu'il doit mettre à restituer la chose à la première réquisition; on répondra, qu'à la différence du commodataire qui reçoit un service, le dépositaire en rend un, et ce service, il ne faut pas le lui rendre trop onéreux en l'exposant à souffrir un préjudice. La constitution de Justinien (Const. 2, Code, *depositi*), qui défend au dépositaire d'invoquer aucune exception de dol ou compensation qui puisse retarder la mise en possession du créancier, doit donc être entendue en ce sens qu'il s'agit, dans ce texte, de créances étrangères au dépôt.

Gage. — Le dro.. romain permettait au créancier gagiste de retenir, pour la garantie de ses impenses, et ce, malgré qu'il eût l'action *pigneratitia contraria.* Ce droit lui était utile toutes les fois qu'aucune action ne lui était accordée pour la réalisation de sa créance (L. 1, C. *si aliena res pign.*).

Notons que le créancier gagiste pouvait, pour d'autres créances, autres que celles nées à l'occasion de la chose, objet du gage, exercer le droit de rétention contre le débiteur et son héritier (Com. 1, au Code *etiam ob chirograph. pec.*).

Le gage donné pour la garantie d'une dette garantissait toutes celles existant entre ce même débiteur et ce même créancier, sans qu'il fût intervenu aucune convention à cet égard. Le créancier pouvait, à plus forte raison, se refuser à la restitution du gage, même après le remboursement de sa créance, s'il avait fait des dépenses nécessaires sur la chose donnée en gage.

Nous trouvons dans les contrats consensuels d'autres cas d'application.

B. Contrats consensuels.

Vente. — Ainsi, le vendeur a le droit de conserver la chose tant qu'il n'est pas payé du prix. Mais on peut dire que dans ce contrat il ne s'agit pas, à proprement parler, d'un véritable droit de rétention.

La propriété, en droit romain, n'était transférée que par la tradition et le paiement; or, celui qui reste propriétaire ne retient pas.

Les autres contrats consensuels donnaient lieu, dans certains cas, à un véritable droit de rétention.

Louage. — Le locataire pouvait l'exercer pour se faire indemniser des dépenses qui avaient contribué à augmenter la valeur du fonds donné en louage. De même, le locataire expulsé pour les dommages-intérêts

auxquels il peut prétendre (L. 15, C. *De locato con-*
ducto).

Le droit de rétention existe enfin dans le louage de
service en faveur du locateur. Ainsi, l'ouvrier peut
retenir la chose qu'il a confectionnée pour se faire payer
le prix de sa main-d'œuvre.

Mandat. — Le mandataire peut exercer la rétention
pour se faire rembourser les dépenses faites pour parve-
nir à l'exécution du mandat, pourvu qu'il en ait fidèle-
ment observé les limites (L. 25 et 30, D. *De procurat.*).

Société. — Les associés pouvaient, à leur choix, user
de deux moyens. Ou bien ils étaient poursuivis en vertu
des actions *pro socio, communi dividundo, familiæ ercis-
cundæ* et, alors, ces actions était de bonne foi, le juge
pouvait établir une compensation ; ou bien, c'était l'action en revendication que l'on intentait contr'eux, et ils
pouvaient alors opposer l'exception *doli mali*.

On peut en dire autant des copropriétaires qui
avaient fait des dépenses sur la chose possédée en
commun.

De même que le communiste, le cohéritier pourra
user de rétention vis-à-vis de ses cohéritiers. (L. 31,
§ 7, D. *de negot. gest.*). Vis-à-vis des légataires, la
rétention lui sera permise pour sûreté des dépenses
nécessaires par lui faites sur la chose léguée jusqu'au
jour de la délivrance.

§ 3. *Applications diverses.* — 1° Le créancier à qui
le débiteur a donné en paiement de mauvaises espèces,
n'opérant pas libération, peut retenir ce qu'il a reçu
jusqu'à ce qu'il soit désintéressé. (L 24, § 1, D. *de
pign. act.*);

2º La L. 3, § 3, D. *de hom. lib. exhib.*, permet la rétention sur la personne de l'homme libre pour le prix employé à le racheter de la captivité;

3º Le *negotiorum gestor*, si l'affaire a été bien administrée, a le droit de rétention pour le remboursement des impenses nécessaires et utiles faites par lui de bonne foi;

4º Le *magister navis* peut dans certains cas exercer le droit de rétention sur les objets sauvés du naufrage. (L. 2, *in princ. de lege Rhodiâ de jactu*);

5º Le donataire (L. 14, *de mortis caus. donat.*) peut repousser par l'exception de dol ceux qui revendiquent contre lui, sans lui rembourser au préalable ses impenses, soit nécessaires, soit utiles;

6º La femme (*in leg.* 25, D., *solut. matrim*), d'après Bartole, pouvait retenir les biens de son mari pour obtenir de ses héritiers la restitution intégrale de sa dot.

Quant au mari, il pouvait, avant Justinien, opérer des rétentions sur la dot pour plusieurs causes (règles d'Ulpien, tit. 6, § 9 et suiv.), rétentions qui ne constituent, à vrai dire, qu'un droit de déduction, sauf la *retentio propter impensas*. La loi unique du Code, *de rei uxoriæ act.*, § 5, qui supprime en masse les rétentions en matière de dot, autorise néanmoins la rétention pour les impenses nécessaires faites par le mari, et elle déclare qu'elles sont de droit prélevées sur la dot; pour les impenses utiles, le mari a l'action *mandati* ou l'action *negotiorum gestorum*, suivant qu'il les a faites avec ou sans le consentement de sa femme. Quant aux dépenses voluptuaires, elles ne procurent jamais que la faculté d'enlever l'ouvrage qu'elles ont eu pour objet, sans nuire à la chose sur laquelle il a été appliqué.

DEUXIÈME PARTIE.

—

DROIT FRANÇAIS.

Nous diviserons cette deuxième partie en deux titres : le premier s'occupera de la législation ancienne, et le deuxième de la législation moderne.

PRÉLIMINAIRES.

Nous avons vu, avec le droit prétorien, le droit de rétention apparaître et grandir, grâce aux travaux des jurisconsultes de l'époque classique.

Il nous reste à examiner ce que devient ce droit dans notre ancienne législation, afin d'établir sûrement les principes qui lui sont applicables dans le Droit civil et commercial actuel.

TITRE PREMIER.

LÉGISLATION ANCIENNE.

SOMMAIRE :

CHAPITRE PREMIER.

PRINCIPES GÉNÉRAUX.

Si le droit romain nous offre un grand nombre de textes traitant du droit de rétention, il n'en est pas de même de notre très ancien droit français. Nous allons essayer d'expliquer le silence de cette législation et de montrer comment, peu à peu, l'influence du droit romain fit naître le droit de rétention dans la période des lois barbares et du droit féodal et le maintint sous la période du droit coutumier, et enfin comment les ordonnances royales vinrent réglementer ce droit.

Nous diviserons pour cela notre travail en trois sections.

SECTION PREMIÈRE.

LOIS BARBARES ET DROIT FÉODAL.

A la chute de l'Empire romain, la Gaule se compose de deux éléments distincts : les Gallo-Romains, régis toujours par leurs lois personnelles, et les Barbares avec leurs coutumes nationales.

Il est certain, d'après un grand nombre de documents, que les Gallo-Romains, malgré l'invasion des Germains, continuèrent à être soumis au droit romain, droit éminemment favorable au droit de rétention. Nous trouvons, en effet, dans le midi de la Gaule, les Wisigoths avec leur chef Alaric, qui avait fait composer pour ses sujets romains une *lex romana*, dite Bréviaire d'Alaric, dont les éléments furent puisés à diverses sources, telles que le Code Théodosien, les Institutes de Gaius, les Sentences de Paul et le Code Grégorien et Hermogénien. Parmi les fragments extraits de ce dernier ouvrage, on en remarque un qui a rapport au droit de rétention : (L. 1, *rei vind.*) *Vineas in alieno agro institutas, solo cedere, et si a malœ fidei possessore id factum sit, sumptus eo nomine erogatos per retentionem servari non posse, incognitum non est.*

A l'orient de la Gaule, les Bourguignons avec la loi romaine, connue sous le nom de Papien, ouvrage ne contenant rien sur le droit de rétention, mais dont l'autorité dura peu de temps et fut faible, puisque ceux qui suivaient la loi romaine en revinrent aux sources du droit romain, notamment au Code Théodosien.

Aucun recueil spécial ne paraît avoir été rédigé par les Romains qui vivaient sous l'empire des rois Francs ; mais Grégoire de Tours (IV, ch. 47) nous apprend que le Code Théodosien était un des éléments de l'éducation de la jeunesse.

Il est donc incontestable qu'au v° siècle la population gallo-romaine continua, comme par le passé, à être régie par la loi romaine, et c'est ce que sanctionne une constitution du roi Clotaire II (560) : *Inter Romanos negotia causarum romanis legibus præcepimus terminari.*

Quant aux lois barbares, on peut facilement se convaincre de leur mutisme sur cette matière. Le seul trait qui y ait un rapport indirect est une disposition de la loi des Bavarois, tit. 15, ch. 4, art. 2, qui accordait à l'acheteur évincé le droit d'être indemnisé des impenses qu'il avait faites pour l'amélioration de la chose. On pourrait peut-être induire de cette disposition, réminiscence probable de l'action *empti* du droit romain, que l'on allait jusqu'à accorder à l'acheteur le droit de retenir comme garantie de son remboursement.

Un tel silence est facile à comprendre, si l'on considère que ces lois, éléments d'une législation à son enfance, entraient peu dans les détails et que, de plus, elles réglaient plutôt des questions de droit criminel que de droit civil. Si nous passons aux capitulaires de Charlemagne, nous rencontrons le même silence : sur 1151 articles, 110 seulement ont rapport à la législation privée et ont pour objet l'état des personnes.

Sans doute les lois barbares et les capitulaires ne nous parlent pas du droit de rétention, mais ils ne le prohibent pas, et la permanence du droit romain ne nous permet pas de douter de l'existence de ce droit dans l'empire Franc.

Quant à l'existence de la rétention dans le droit féodal, elle ne saurait être mise en doute ; seulement, les seigneurs s'attachaient à y mettre obstacle et la prohibaient, de même que la compensation, vu qu'elle avait pour effet de diminuer le nombre des procès et leurs droits en faisant prononcer, par une même sentence, sur plusieurs contestations.

Néanmoins, le droit romain et le droit canonique maintiennent la rétention. On en trouve même des applications dans les rapports du vassal avec le seigneur. C'est ainsi que, quand le fief finit par la loi de la concession, sans la faute du vassal, lui-même ou ses héritiers ont le droit de rétention pour les améliorations faites sur le fonds. (Barnage, sur l'art. 125 de la coutume de Normandie. — Dumoulin, sur Paris, tit. 1, § 1, *Gloss. V*, nos 76, 77 et 82, *in fine*) ; et encore : « Le seigneur de fief, faisant construire étang ou garenne, y peut enclore les terres de ses sujets en les récompensant préalablement. » (Loisel, *Inst. cout.*, liv. 2, tit. 2, art. 27).

Enfin, vers la fin du xie siècle, nous trouvons dans le territoire de Valence un recueil de droit romain, intitulé *Petri exceptiones*, qui reconnaît dans plusieurs cas l'exercice du droit de rétention, notamment en matière de gage et d'impenses.

Faisons observer qu'au moment où furent publiées les *Petri exceptiones*, le droit coutumier était déjà établi. Le système de la personnalité des lois entraînait de trop graves inconvénients pratiques pour qu'on pût le conserver ; aussi vit-on insensiblement sous la deuxième race deux législations se partager la France ; le Midi conserva le droit romain sous le nom de droit écrit, et le Nord adopta l'usage des coutumes locales.

Nous ne nous occuperons point du Midi où la législation romaine, que nous connaissons, continue à être appliquée, mais seulement du Nord où règne le droit coutumier dont l'influence fut loin d'être favorable au droit de rétention.

SECTION II.

DROIT COUTUMIER.

Tout nous atteste que dans sa pureté première le droit coutumier se montra complètement défavorable à la rétention. Cette tendance s'explique surabondamment par le principe de la patrimonialité des justices : « Leurs » justices sont patrimoniales, vénales, héréditaires et » réputées vray héritage au moyen du fruit, profit et

» émolument qu'ils perçoivent d'icelles à cause des
» adjudications d'amendes, confiscations et autres droits;
» .... .. ils tiennent justice en foi et hommage médiate-
» ment ou immédiatement du roy et les baillent par
» aveu et démembrement comme faisant partie de leurs
» fiefs, et advenant mutation de fiefs, ils sont tenus de
» payer profits féodaux pour raison de leurs justices
» comme pour les autres appartenances et dépendances
» de leurs fiefs » (Bacquet, *Droits de justice*, ch. 8,
n° 8).

Cette défaveur peut encore s'expliquer par l'efficacité
des voies d'exécution. En effet, le créancier, qui n'ob-
tenait pas de paiement de ce qui lui était dû, pouvait
s'emparer, sans ordonnance du juge, d'un objet appartenant à son débiteur et le garder jusqu'à ce qu'il fût
désintéressé. Cette gagerie si favorable au créancier
entraînait, on le comprend facilement, de graves abus.
Aussi le Parlement de Paris s'efforça-t-il d'en restreindre
l'usage; mais s'il limita les cas d'application, elle put
toujours être exercée sans ordonnance du juge. Le droit
de rétention n'existait donc pas comme droit spécial ;
c'était une conséquence de cette gagerie : le créancier
qui pouvait ainsi saisir un objet, pouvait, à plus forte
raison, retenir celui qu'il avait entre les mains.

Malgré ces causes qui expliquent le silence du droit
coutumier, nous devons dire qu'il ne fut pas totalement
inconnu, car nous le voyons consacré par les dispositions de plusieurs coutumes. Ainsi, on lit dans l'article
175 de la Coutume de Paris : « Dépens d'hostelage
livrés par hôtes à pèlerins ou à leurs chevaux sont pri-
vilégiez et viennent à préférer devant tout autre sur

les biens et chevaux hôtelez, et les peut l'hôtelier retenir
jusqu'à paiement, et si aucun autre créancier les voulait
enlever, l'hôtelier a juste cause de s'y opposer. » Article
194 de la même Coutume : « Qui vend une chose mobilière sans jour et sans terme espérant être payé promptement, il peut la chose poursuivre en quelque lieu
qu'elle soit transportée, pour être payé du prix qu'il l'a
vendue. » Il en était ainsi, quoique l'acquéreur eût
vendu à un tiers et que la chose eût passé en plusieurs
mains. A plus forte raison le vendeur pouvait-il retenir.
Art. 372, Coutume d'Orléans : « Celui qui retrait aucun
héritage est tenu de payer les réparations et impenses
nécessaires faites sans fraude par celui sur lequel il a été
retrait, icelles préalablement liquidées. » Nous lisons,
Conférences des Coutumes de Guénois, Salle de Lille,
tit. 1er, art. 4 : « Et si les dits délinquants obtiennent
lettre de rémission, les dits seigneurs, leurs baillis et
lieutenants, ne peuvent opposer, afin d'être purgés des
droits et salaires dus et encourus à cause des dits appeaux
défauts et bannissements qui leur sont, en cas d'entéri-
nement, à adjuger et payer auparavant que tels impétrans
soient délivrés de prison. »

Enfin, nous trouvons un grand nombre de textes qui
permettent au créancier de retenir ; mais, excepté dans
le premier, ce n'est point, à proprement parler, du droit
de rétention qu'il s'agit. En effet, les coutumes de
Troyes, art. 302 ; du Bourbonnais, art. 100 ; d'Auxerre,
art. 152 ; du Berry, ch. 9, art. 40, et les institutes
coutumières de Loisel, liv. 111, tit. 6, § 9, nous ap-
prennent que le locataire peut user de rétention de ses
louages pour réparations nécessaires par lui faites du

consentement du propriétaire ou après sommation pré-
cédente. Art. 53, coutume de Bordeaux, faculté accordée à la femme de retenir en gage les biens du mari
comme garantie de la restitution de la dot, désignée
sous le nom de droit d'insistance. L'art. 13, ch. 32, de
la coutume de Nivernais, contenait une disposition
encore plus énergique que le droit de rétention, mais
qui, toutefois, ne doit pas être confondue avec lui :
c'était la faculté accordée aux moissonneurs, voituriers,
de faire arrêter et empêcher les blés des débiteurs à la
requête desquels ils avaient besogné. L'art. 305 de la
coutume de Paris et 306 de la coutume d'Orléans, autorisent le cohéritier, obligé de rapporter en nature à la
masse un héritage dépendant de la succession, à faire le
rapport en moins prenant, s'il n'était pas remboursé de
ses impenses. Il retenait donc à titre de propriétaire.
Enfin, nous lisons lettre P, n° 137, *déc.* de Lapéreire,
que le procureur qui a en ses mains des deniers de sa
partie, provenant des dépens, taxes ou autrement, a
droit de rétention pour ses salaires. « Quoique le procureur n'ait pas le droit de retenir les pièces pour ses
salaires, nous dit Coquille, question 97, il le peut néanmoins pour les frais par lui avancés. »

Ce ne sont là, il est vrai, que quelques espèces particulières, et aucune coutume ne contient à cet égard
de disposition générale. Cependant il faut reconnaître
que le droit de rétention s'exerçait dans tous les pays
de coutumes. Tous les auteurs coutumiers sont, en
effet, d'accord pour reconnaître que sur les points non
réglés par la coutume, le juge doit puiser ses décisions
dans la loi romaine, non pas sans doute comme droit-loi,

mais règle d'équité : « Aussi, dit Guy Coquille, nous
» n'alléguons les lois des Romains sinon pour la raison
» qui y est......., et quand nos lois particulières nous
» défaillent, non avons recours aux romaines, non pas
» pour nous obliger précisément, mais parce que nous
» connaissons qu'elles sont accompagnées, même fon-
» dées en toute raison » (Question première). Telle est
aussi l'opinion de Duparc Poullain, dans ses *Principes du
droit français*, liv. 1er, ch. 1er, no 5, et de De Serres,
dans ses *Institutions du droit français*, liv. 1er, tit. 1,
§ 4. Tel est aussi l'avis de tous les auteurs qui ont écrit
des traités généraux sur l'ancien droit français.

Cette influence romaine se découvre, d'ailleurs, aisé-
ment quant au droit de rétention, dans les décisions des
commentateurs des coutumes.

Pierre de Fontaines dans ses Conseils, écrits en 1253,
fait de nombreux emprunts au droit romain, et certains
passages sont évidemment relatifs au droit de rétention.
Au chapitre 15, Pierre de Fontaines suppose qu'une
partie veut recouvrer l'héritage aliéné par son aïeul,
« par force ou par peur, » et décide que le défendeur
aura le droit de rétention jusqu'à ce que le prix ait été
remboursé : « Il nous plaist qu'il te soit rendu, quand
» tu auras rendu le prix qu'il te fut vendu. »

Jean Bouteiller, auteur de la *Somme rurale*, vivant au
xive siècle, empruntait également un certain nombre de
ses décisions au droit romain. Ainsi, dans le tit. 43,
liv. 1er, il traite de la revendication, et, supposant
l'hypothèse d'une personne qui a semé ou planté dans le
fonds d'autrui, il lui accorde le droit de retenir, sans
faire les distinctions contenues dans les paragraphes 34

et 32 (*Inst., rerum divis.*). Aussi son annotateur, Charondas, ajoute-t-il, en note : « Appert que non par » action en revendication ains par exception, il peut » demander et retenir ses impenses d'avoir semé ou » planté. »

De même, d'Argentré (Cout. de Bretagne, 6e édition, col. 860, D.), après avoir dit qu'à la mort de l'usufruitier le propriétaire peut agir contre ses héritiers, pour se faire mettre en possession de la chose, ajoute qu'il ne le peut que tout autant qu'il leur a remboursé les impenses nécessaires, « *pro quibus quilibet alienæ rei possessor* » *retentionem habet.* »

Ces citations, qu'on pourrait multiplier, démontrent que, dans le silence même des coutumes, le droit de rétention était autorisé par les jurisconsultes. Terminons en citant un arrêt du 17 avril 1427, rapporté dans Papon (*Arrêts*, liv. 28, t. 4, no 13), qui consacre ce droit, en faveur du possesseur de bonne foi, condamné à délaisser l'immeuble qu'il a amélioré.

SECTION III.

ORDONNANCES ROYALES.

Si nos coutumes ne se sont occupées que bien peu du droit de rétention, il n'en est pas de même des Ordonnances royales, qui vinrent le favoriser d'une manière toute spéciale et en réglementer l'exercice.

La première fut celle de Montils-les-Tours, qui parut

en 1453, sous le règne de Charles VII : elle avait pour objet la réformation de la justice, et il paraît qu'un des abus de cette époque consistait dans l'usage des procureurs de retenir, en garantie du paiement de leurs honoraires, les pièces qui leur avaient été confiées par les parties ; l'Ordonnance prohibe cet usage et s'oppose à ce que les procureurs « ne retiennent les lettres et » titres des parties, sous couleur de leurs dits salaires. » Il résulte de cette disposition que ce n'est qu'en ce qui concerne leurs salaires que le droit de rétention leur était refusé, mais qu'ils pouvaient s'en servir pour garantir leurs avances : telle est l'interprétation de Coquille (Coq., *Quest.* 197, II, p. 257).

Vient ensuite l'ordonnance de Villers-Cotterets, promulguée en 1539 par François Ier : l'emploi abusif du droit de rétention avait pour conséquence d'entraver l'exécution des jugements ; ce fut pour faire disparaître ce résultat fâcheux que l'ordonnance restreignit (art. 97) le droit de rétention dans de justes limites. Le défendeur est tenu de se dessaisir de l'objet qui fait sa garantie, si la liquidation des méliorations, réparations ou autres droits n'est pas achevée dans le délai arbitré par les exécuteurs ; mais si nous supposons cette liquidation achevée en temps utile, le droit de rétention recouvre toute sa force, et le défendeur aura le droit de conserver l'objet jusqu'à ce qu'il ait été remboursé.

Cette ordonnance fut insuffisante, et en 1566 parut l'ordonnance de Moulins qui la modifia dans son art. 52, sous deux rapports : 1° le délai de la liquidation, à l'expiration duquel le défendeur doit se dessaisir, au lieu d'être arbitré par les exécuteurs, est fixé à un mois ;

4

2º si le défendeur n'offre pas de faire la liquidation dans un mois, le demandeur est mis en possession immédiatement, mais alors deux garanties sont accordées au défendeur pour sûreté de ses réclamations : une caution et une hypothèque sur e fonds restitué. (Legrand sur l'art. 114, *Glosse* 12, nº 19).

Les Parlements laissèrent tomber ces restrictions en désuétude, et la pratique si favorable au droit de rétention finit par triompher. Ce droit fut définitivement consacré dans l'art. 9 du tit. 27 de l'ordonnance de 1667, ainsi conçu : « Celui qui aura été condamné à délaisser » la possession d'un héritage en lui remboursant quel- » ques sommes, espèces, impenses et méliorations, » ne pourra être contraint de quitter l'héritage, » qu'après avoir été remboursé, et, à cet effet, il » sera tenu de faire liquider les espèces, impenses et » méliorations dans un seul délai qui lui sera donné » par l'arrêt ou jugement, sinon l'autre partie sera » mise en possession des lieux en donnant caution de » les payer, après qu'elles auront été liquidées. »

Les dispositions de l'ordonnance de 1667 furent en vigueur jusqu'à la législation intermédiaire qui nous fournit également quelques renseignements sur la matière qui nous occupe.

Ainsi, la loi du 22 novembre 1790, art. 25, décide que les acquéreurs de certains domaines nationaux sujets à rachat perpétuel ne pourront être dépossédés sans avoir préalablement reçu ou avoir été mis en même de recevoir leur finance principale avec leurs accessoires.

De même, l'art. 21 de la loi du 7 juin 1791, relative

aux domaines congeables, porte que le domanier ne peut être expulsé que préalablement il n'ait été remboursé, et, à cet effet, le prisage sera toujours demandé six mois avant l'expiration de la jouissance et fixé dans ce délai.

Enfin, la loi du 28 septembre 1791, art. 1er, déclare que la propriété territoriale ne peut être sujette envers sa nation qu'aux contributions publiques légalement établies et aux sacrifices que peut exiger le bien public, moyennant une juste et préalable indemnité, ce qui implique le droit de retenir jusqu'à ce qu'elle ait été payée. Tel est le grand principe consacré par la Constitution du 24 juin 1793, art. 19, celle du 5 fructidor an III, art. 358, la Charte de 1814, art. 9 et 10, celle de 1830, art. 8 et 9, la Constitution de 1848, art. 11, et la Constitution de 1852, art. 1er.

I.

Etendue du droit de rétention.

Sous notre ancienne législation, nous ne trouvons aucune disposition dont nous puissions déduire la règle de l'étendue du droit de rétention.

Contrairement au Droit romain, les commentateurs proclament, d'après nous, la spécialité du droit de rétention : *retentio tribuitur reo certis tantum in causis*, dit Doneau, et il essaie une énumération des cas dans lesquels il y a lieu à rétention (t. 6, p. 854, § 8). Il n'y

a rétention, suivant Doneau, que pour les espèces pré-
vues par les jurisconsultes romains et celles que l'usage
y a ajoutées.

Ce n'est pas là une opinion isolée, mais bien une
maxime généralement reçue ; Voët la consacre en ces
termes : « *pluribus autem in causis retentio usum invenit.* »
(*ad Pandectas : de compens.*, § 20). Et plus loin, « *jus
retentionis a lege vel consuetudine datum est, D.* ; » enfin,
« *leges... retentionem tribuunt* » (*de pignorib. et hypoth.*
§ 4, *in fine*).

Tel est donc le principe que les interprètes du Droit
romain à cette époque avaient cru y rencontrer. Tel est
aussi, d'après ce que nous avons dit de l'influence de la
législation romaine sur le droit des pays de coutumes,
le principe qui réglait l'application de la rétention dans
ces derniers pays. Elle avait lieu chaque fois qu'une
disposition de la coutume, ou à défaut un texte de Droit
romain, en autorisait l'exercice.

Cette spécialité de la rétention est consacrée par
Pothier (*Domaine de propriété*, 2e part., ch. 1er, art. 6,
n° 343) en ces termes : « Lorsque sur l'action de reven-
» dication, le demandeur a justifié de son droit, le pos-
» sesseur est condamné à lui délaisser la chose reven-
» diquée ; mais dans *certains cas*, lorsque le possesseur
» a déboursé quelque somme ou contracté quelque
» obligation pour la libération, la conservation ou l'amé-
» lioration de la chose qu'il est condamné à délaisser,
» le possesseur qui excipe de ces impenses n'est con-
» damné à la délaisser qu'à la charge par le demandeur
» de le rembourser au préalable de ce qu'il a déboursé
» et de l'indemniser. »

De cette spécialité résultent les restrictions apportées
à ce principe par les ordonnances royales.

Il nous reste, pour terminer l'étude de l'étendue du
droit de rétention, à dire que la formule avancée par
certains, du débiteur *cum re junctum* qui n'admettrait
le droit de rétention qu'autant que la dette pour laquelle
le détenteur l'invoque se trouverait jointe à la chose, est
une formule erronée. Rien, ni dans les textes, ni dans les
écrits des anciens jurisconsultes, ne le donne à penser
et tout semblerait faire présumer le contraire. C'est là
un point incontestable quant au droit de rétention compris dans le gage. Il en est de même du droit de rétention principal, et c'est ce que nous assurent Dumoulin
(*Tractatus contractuum et usurarum, quæstio* 36, no 278),
Duparc Poullain (*principes*, liv. 3, ch. 17, sect. 1.re,
no 10), Voët (*ad pandectas, de compensatione*, § 20), et
enfin Pothier (*du nantissement*, ch. 2, no 47), qui, après
avoir rappelé la loi unique au Code *etiam ob chirographariam pecuniam*, ajoute : « Cette décision de l'empe-
» reur Gordien a lieu dans not jurisprudence. Quoi-
» que la dette pour laquelle une chose m'avait été don-
» née en nantissement ait été entièrement acquittée, si
» je me trouve encore créancier d'une autre somme
» certaine et liquide du débiteur qu me l'a donnée en
» nantissement, je pourrai la retenir pour cette autre
» créance. » De tous ces passages c s on peut tirer
des arguments irréfutables contre la doctrine de la
connexité de la créance avec la chose retenue.

II.

Conditions d'existence du droit de rétention.

Pour que le droit de rétention puisse être appliqué, trois conditions sont indispensables. Il faut :

1º Qu'une personne soit en possession d'une chose appartenant à autrui ; cela tient à l'essence même de la rétention, car exercer la rétention sur une chose, c'est la conserver entre ses mains, et pour l'y conserver, il faut l'y avoir. Au reste la simple détention suffit ; ainsi nous lisons dans Duret (*alliance des lois romaines avec le Droit français*, § 120) : que le conducteur peut user de rétention de la maison louée pour les réparations faites du consentement du locateur, quand les réparations sont liquides et nécessaires.

2º Qu'elle soit créancière de celui dont elle détient la chose.

Observons qu'il n'est pas nécessaire que cette créance existe civilement, qu'une simple obligation naturelle peut être garantie par le droit de rétention.

3º Qu'elle soit autorisée par la loi ou par la coutume, à retenir cette chose jusqu'au paiement de sa créance.

Cette troisième condition résulte de la spécialité du droit de rétention, spécialité que nous avons essayé de démontrer dans le numéro précédent, en traitant de l'étendue du droit de rétention.

III.

Caractères de la rétention.

De même qu'en Droit romain la rétention dans notre ancienne jurisprudence est toujours un droit :

1° *Réel* ;

C'est évident quant au droit de rétention, compris dans le droit de gage, et cela résulte des *Principes* de Duparc Poullain, liv. 3, ch. 20, n° 3, qui déclare que le créancier gagiste a la *préférence à tous créanciers sur la chose qui lui a été livrée,* sans pouvoir être obligé de s'en dessaisir jusqu'à ce qu'il soit payé du total en principaux intérêts et frais.

Même décision, d'après nous, quant au droit de rétention principal. Nous lisons, en effet, dans les *Coutumes notoires,* c. 50 : « Dépens d'hostelage livrés par hostes
» à pèlerins et à ses chevaux sont privilégiés et présens
» et à payer devant toute autre dette sur les biens et
» chevaux hostelés; et les peut l'hostelier *retenir* jus-
» ques à paiement des dépens faits par lui aux pèlerins
» et à leurs chevaux..... et si aucun autre créancier
» veut lever iceux biens et chevaux par la main du roy
» hors de l'hostel du dit hoste, il a juste cause de soi
» opposer, afin qu'il soit payé avant tous autres créan-
» ciers » (Jean Desmares, Décision 176 ; *Coutume de Paris,* art. 175).

Qu'on ne dise pas que le droit de préférence de
l'hôtelier résulte non du droit de rétention, mais de son
privilége; car, à cela, nous pourrions opposer des textes
formels d'auteurs très connus. C'est ainsi que Barnage
déclare, ch. 16, *Traité des hypothèques*, que le tiers
détenteur d'un fonds hypothéqué peut user de rétention
vis-à-vis des créanciers hypothécaires, qui ont formé
action contre lui, jusqu'à ce qu'il ait été remboursé de
ses améliorations. Que Duparc Poullain (*Principes*, liv. 3,
ch. 20, sect. 5, n° 159), dit que le tiers détenteur a la
reprise par préférence des édifices nécessaires ou utiles
qu'il aurait faits et qui auraient augmenté la valeur de
l'héritage, *quatenus pretiosior res facta est.* Que Claude
Serres (*Instit. du droit français*, liv. 2, tit. 8, § 1) observe
que le créancier nanti du gage a le droit de le retenir
jusqu'à ce qu'il soit payé des sommes qui lui sont dues
par le débiteur en capital et intérêts, outre et par dessus
celle qui fait le sujet de l'engagement, et cela même au
préjudice d'un créancier antérieur et par préférence.
Qu'enfin l'éminent jurisconsulte coutumier Dumoulin
nous affirme, dans plusieurs passages et en termes
exprès, la réalité du droit de rétention, en disant : « *Jus
retentionis est reale;* » puis : « *Retentio impensarum
nomine etiam adversus creditorem hypothecarium competit;* » et ailleurs : *Retentionis beneficio et jure exceptionis, potior erit (creditor) omnibus jus posterius prætent-
dentibus Quia quemadmodum jure exceptionis poterat
excludere debitorem, ita et omnes causam habentes ab eo
post jus retentionis acquisitum : quod singulariter notan-
dum.* » (*Tractatus contractuum et usurarum*, quæstio 36,
n° 278).

2° *Accessoire*;

Car sans créance dont il garantisse le paiement, pas de droit de rétention possible.

3° *Indivisible*;

C'est là ce que constate Pothier, quant au droit de rétention, compris dans le gage, lorsqu'il dit : « Pour » peu qu'il reste quelque chose dû de la créance pour » laquelle la chose a été donnée en nantissement, il n'y » a pas ouverture à l'action directe, et le débiteur n'est » pas encore recevable à demander la restitution ni de » ce qu'il a donné, ni même de la moindre partie de ce » qu'il a donné en nantissement. La raison est que le » droit de gage ou nantissement est quelque chose d'in- » divisible, *individua est pignoris causa*. » Et ce que confirme Dumoulin, quant au droit de rétention prin- cipal, qui constitue *quasi pignus seu quasi hypothecam*.

4° *Conventionnel ou tacite*;

Conventionnel : s'il fait partie du gage, ou que, prin- cipal, il tire son origine de la convention des parties ; *tacite*, s'il résulte de la loi ou de la coutume.

IV.

Droits que la rétention confère au créancier.

De ce que nous venons de dire et des passages cités par nous, il résulte que la rétention procurait au créan- cier le droit de préférence. Quant au rang qui appar- tenait au droit de préférence attaché à la rétention dans le règlement des droits appartenaut à des tiers sur l'objet retenu, nous ne pouvons nous prononcer, vu le peu de fixité d'opinion des jurisconsultes, qui déclarent tantôt que le droit de préférence du créancier rétenteur l'emporte sur ceux des autres ayants-droit, même antérieurs en date, tantôt seulement sur ceux postérieurs en date. (Dumoulin, *Tractatus contractuum, quæstio* 36, n° 278. — Duparc Poullain, *Principes*, liv. 3, ch. 20, sect. 7, n° 215 *in fine*). Selon nous, le droit de rétention devait l'emporter sur tous les autres, puisque le bénéfice qui en résulte est particulièrement lié à la possession que le rétenteur a le droit de conserver jusqu'à complet paiement.

Outre ce droit de préférence, la rétention conférait au créancier, dans notre ancien droit, un véritable droit de suite.

Tel est le principe que constatent : Duparc Poullain, qui, parlant du tiers détenteur en présence des créanciers hypothécaires, dit qu'il a la *reprise* par préférence des édifices nécessaires ou utiles qu'il aurait faits : et ce mot reprise par préférence embrasse et le cas où il obtient son paiement par voie de rétention et celui où il l'obtient par voie d'action (*Principes*, liv. 3, ch. 20, sect. 5, n° 159) ; Dumoulin, lorsqu'il dit : *Retentio et persecutio impensarum nomine etiam adversus creditorem hypothecarium competit* (sur Paris, tit. 1, § 1, Gloss. 5, v° le *Fief*) ; et enfin Guy Coquille, en s'exprimant ainsi : « Quand aucun qui pouvait user de rétention de la chose » s'en est départi sans être remboursé, il a son action à » ce que la jouissance lui soit rétablie. » (Question 198).

V.

Voies juridiques par lesquelles s'exerce la rétention.

En droit romain, le droit de rétention est un moyen de défense contre l'action en revendication, qui disparaît avec la possession. On ne découvre même pas de voie juridique qui puisse remplacer d'une manière générale le droit de rétention dont n'aurait pas usé le défenseur, et si dans certains cas on trouve aux mains du créancier et à côté du droit de rétention une action subsidiaire qui lui permette de réclamer le paiement, elle a une origine essentiellement étrangère à ce droit.

Il n'en est pas ainsi dans notre ancienne jurisprudence, et à côté du droit de rétention, moyen de défense principal, on trouve une action permettant au créancier détenteur de poursuivre le paiement de sa créance. C'est là le principe découlant de l'interprétation du droit romain, en cette matière, donnée par Cujas et Martinus, et adoptée et développée par Dumoulin et Guy Coquille. Claude Serres lui-même proclame ainsi cette règle :
« En France, où les formules des actions sont abrogées,
» et où l'on ne s'attache qu'à l'équité, il est indifférent,
» quant au remboursement des bâtiments et réparations,
» que l'on soit en possession du fonds ou que l'on n'y
» soit plus, et on peut le demander directement et sans
» circuit. »

Cette action subsidiaire n'est pas une simple action

personnelle, mais plutôt une véritable action réelle,
aussi efficace que le droit de rétention ; car, comme dit
Guy Coquille : « Quand aucun qui ne pouvait user de
» rétention de la chose s'en est départi sans être rem-
» boursé, il a son action à ce que la jouissance lui soit
» rétablie. »

VI.

Extinction du droit de rétention.

Le droit de rétention s'éteint de deux manières différentes :

1° Par voie accessoire ;

Chaque fois que s'éteint l'obligation qu'il garantit.

2° Par voie principale ;

Si le rétenteur renonce *expressément* au bénéfice qui
lui appartient, car, comme nous l'avons dit plus haut,
le simple abandon de la possession ne suffit pas, vu que
le possesseur a son action à ce que la jouissance lui soit
rétablie.

Si la chose, objet de la rétention, vient à périr.

Enfin, lorsque le défendeur n'aura pas fait liquider la
créance pour laquelle il l'invoque dans le délai imparti
par le juge (art. 97 de l'ordonnance de 1839), ou fixé par
la loi (ordonnance de 1866), ou s'il y a eu offre d'une
caution faite par le demandeur (ordonnance de 1867).
Dans ce dernier cas, la caution remplacera avantageuse-
ment la garantie résultant du droit de rétention.

Ce dernier mode est spécial à notre ancien droit et était inconnu en droit romain.

VII.

Avantages du droit de rétention.

Sous notre ancienne législation, le droit de rétention, comparé aux principes du droit romain en cette matière, d'un côté se trouve restreint, étant subordonné à la faculté qu'a le débiteur de lui substituer la garantie de caution et enfermé dans un délai fatal, et en outre, pouvant être suppléé par une action directe; mais d'un autre côté est plus étendu, puisqu'il entraîne un droit de préférence complet, et en outre un droit de suite.

CHAPITRE II.

APPLICATIONS DE LA RÉTENTION POUR IMPENSES.

Tous les textes relatifs à l'application du droit de rétention n'ont rapport qu'aux impenses.

Nos anciens jurisconsultes les divisent en nécessaires, utiles et voluptuaires, et distinguent, quant à elles, les possesseurs de bonne foi de ceux de mauvaise foi.

Quant aux impenses nécessaires, tout détenteur de

bonne ou mauvaise foi, a la rétention. Néanmoins, certaines coutumes, en matière de retrait, exigent qu'elles aient été faites par autorité de justice.

Quant aux impenses utiles, seul le possesseur de bonne foi a la rétention, et même quant à la matière des retraits, certaines coutumes (Angoulême, 79; Anjou, 378) ne l'admettaient pas, ainsi que nous l'atteste Grimaud (*Des retraits*, liv. 8, ch. 1), tandis que d'autres (Montargis, ch. 16, § 14; Orléans, 292) adoptaient la règle contraire: « retrayant est tenu payer les réparations » utiles faites sans fraude. » En général, on refuse au possesseur de mauvaise foi tout droit à ces impenses. Pothier seul prétend que le juge peut décider, suivant les circonstances, si le propriétaire doit l'en rembourser, jusqu'à concurrence de ce que l'héritage revendiqué en est devenu plus précieux.

Enfin, quant aux voluptuaires, seul, Boutaric, que cite Serpillon, en traitant de l'ordonnance de 1667, tit. 27, art. 9, accorde la rétention au possesseur de bonne foi, possesseur qui, d'après la majorité des jurisconsultes, n'a que la faculté d'enlever ces impenses, et ce, sans détériorations.

Observons, en terminant d'exposer les règles de notre ancienne législation sur cette matière, que même au cas où il y a lieu à rétention, ce n'est pas sans restriction. Le propriétaire, en effet, a le droit de déduire de la somme à payer au possesseur la valeur des fruits perçus par ce dernier; et en outre, s'il ne peut rembourser la plus-value, vu son chiffre trop considérable, il reprend néanmoins son héritage en se chargeant, envers le possesseur, d'une rente d'une somme approchant de ce dont le revenu de l'héritage a été augmenté par les impenses, avec privilége sur l'héritage pour le service de cette rente (Pothier, *Domaine de propriété*, n° 347).

TITRE DEUXIÈME.

LÉGISLATION ACTUELLE.

SOMMAIRE.

CHAPITRE PREMIER.

PRINCIPES GÉNÉRAUX.

I.

*Origine et fondement de la rétention, son étendue,
ses espèces.*

Le droit de rétention, mentionné seulement dans quelques textes épars du Code Napoléon, repose sur la même
idée d'équité qui lui avait donné naissance en droit
romain. Il émane du droit naturel, et a pour base ce
principe éminemment équitable, qui nous paraît avoir
été parfaitement déterminé par M. Demolombe (t. 9,
§ 082).

« Le principe du droit de rétention dérive de l'iden-
» tité, de l'égalité de position dans laquelle se trouvent
» l'une envers l'autre, deux parties réciproquement
» obligées, à raison d'une chose, de telle sorte que l'une
» des parties ne puisse réclamer l'exécution de l'obli-
» gation que l'autre a contractée envers elle qu'autant
» qu'elle offre, de son côté, de remplir l'obligation cor-
» rélative qu'elle a aussi contractée envers l'autre
» partie. »

On peut donc le définir : le droit accordé au possesseur
ou au détenteur de la chose d'autrui de conserver la

possession ou la détention de cette chose jusqu'au paiement de ce qui lui est dû, à raison de cette chose ou
même de toute autre dette, lorsqu'il existe à cet égard
une disposition expresse de la loi ou une convention
formelle des parties.

Faisons en outre remarquer que ce droit, ainsi que
nous le démontrerons, est un droit réel, indivisible et
accessoire.

Ces notions données, nous nous trouvons en présence d'une question qui domine toute notre matière :
Quelle est l'étendue du droit de rétention? ne doit-il
être admis qu'autant qu'il est inscrit dans la loi? doit-il,
au contraire, être étendu à d'autres hypothèses ?

D'après nous, le droit de rétention doit être admis,
même dans le cas où la loi ne le mentionne pas, pourvu
qu'en outre de la possession et du titre de créance, dont
nous nous occuperons bientôt, il y ait *debitum cum re
junctum*. S'il existe un texte formel de loi ou une convention, cette dernière condition n'est plus nécessaire ;
le droit de rétention doit toujours être admis, qu'il y ait
ou non connexité entre la créance et la dette. (Voy.
art. 2082 et 1740).

Pour justifier cette solution, il convient d'examiner
l'esprit général du Code Napoléon. Or, d'un côté, il est
incontestable que le droit de rétention repose sur une
idée d'équité et émane directement du droit naturel.
D'un autre côté, il est certain que, quant au droit de
rétention, le Code Napoléon ne contient que des dispositions éparses, sans théorie spéciale.

Si le droit de rétention est de droit naturel, il en
résulte qu'il a l'autorité d'un principe, qu'il doit être

5

accordé d'une manière générale, et qu'on ne peut le refuser que par exception.

Mais, sont-ce là les idées des rédacteurs du Code Napoléon ? Ont-ils entendu faire du droit de rétention un droit exceptionnel exorbitant ?

Des dispositions du Code civil relatives au droit de rétention, toutes, sauf une ou deux exceptions, accordent le droit de rétention quand il y a *debitum cum re junctum*. Elles ne sont donc que des applications d'un principe plus élevé auquel elles se rapportent, principe déjà mentionné : que nul ne doit s'enrichir aux dépens d'autrui.

Le droit de rétention a donc pour base l'équité ; cela suffit pour justifier sa généralité. Il faut donc, dès lors, l'étendre aux hypothèses qui présentent de l'analogie avec celles où le Code Napoléon l'a formellement accordé ; car toutes les dispositions légales, basées sur des principes d'équité, sont susceptibles d'extension.

A l'appui de ce système, nous trouvons d'autres arguments.

Tel était le principe du droit romain et de notre ancienne jurisprudence, et rien n'indique que le législateur ait voulu y déroger.

En outre, il est des cas où le législateur accorde le droit de rétention, quoiqu'il n'y ait pas connexité entre la créance et la chose retenue, et des cas où il le refuse d'une manière formelle, malgré l'existence de cette connexité. Or, serait-il nécessaire de défendre formellement le droit de rétention dans ces dernières hypothèses, s'il constituait un droit exceptionnel ?

D'ailleurs les dispositions du Code, quant au droit de

rétention, présentent des lacunes, des insuffisances, et
le devoir de l'interprète est de les combler, en se con-
formant à l'esprit qui a présidé à la rédaction des dispositions de la loi en cette matière. Or, nous voyons
dans le Code des applications nombreuses du principe
d'après lequel le droit de rétention existe, lorsqu'il y a
debitum cum re junctum. Il admet donc ce principe et,
dès lors, il faut l'appliquer dans tous les cas où il peut
se présenter.

On objecte que le droit de rétention constitue un droit
de préférence, un privilége indirect, et que les droits de
ce genre s'interprètent restrictivement. A cela, nous
répondrons que l'on ne peut assimiler le droit de rétention au privilége, ainsi que nous le prouverons plus loin,
et qu'en outre, si les droits de cette nature doivent
s'interpréter d'une manière restrictive, c'est qu'ils for-
ment des institutions contraires au droit naturel, à
l'équité, tandis que le droit de rétention, quoique cons-
tituant aussi, mais indirectement, une dérogation à la
règle d'égalité entre créanciers, se base sur l'équité.

En outre, il n'y a pas de raison, du moment où il y a
connexité entre la créance et la chose retenue, pour
établir une différence entre les créanciers auxquels la loi
accorde formellement le droit de rétention et ceux qu'il
passe sous silence, leur position étant la même.

Néanmoins on doit décider que dans le doute, c'est-
a-dire lorsque la condition de connexité entre la dette et
la chose retenue n'apparaîtra pas d'une manière bien évidente, le juge devra refuser le droit de rétention ; à plus
forte raison, s'il n'y a pas le moindre lien de *debitum cum
re junctum.*

En résumé, nous pouvons donc dire que, en règle générale, le droit de rétention doit être accordé pour toute créance née par rapport à la chose retenue, mais qu'il ne faut l'accorder qu'à ces créances.

La jurisprudence est unanime sur ce point et vient corroborer la doctrine que nous avons admise. (Paris, 13 octobre 1834, Dalloz, *Rép.*, v° *notaire*, n° 532 ; Angers, 24 mai 1843, Dalloz, v° *notaire*, n° 533).

Cette question résolue, il importe de comparer le droit de rétention à d'autres droits avec lesquels il présente plus ou moins d'analogie.

La rétention ne doit pas être confondue :

1° Avec la détention, l'une est un droit, l'autre n'en est par un. La détention, en effet, est la possession envisagée comme un fait pur et simple, dégagé de toute relation avec l'acquisition ou l'exercice d'un droit ; elle ne produit aucun effet juridique, tandis que le droit de rétention en produit de très remarquables puisqu'il autorise à conserver la chose jusqu'au paiement intégral, et constitue ainsi indirectement un droit de préférence.

2° Avec la possession, qui implique l'idée de propriété ou du moins l'intention de posséder comme propriétaire, tandis que la rétention est la reconnaissance de la propriété d'autrui.

3° Avec la mise en fourrière (L. des 28 septembre et 6 octobre 1791, tit. 11, art. 12 ; déc., 18 juin 1811), qui, elle aussi, peut s'exercer sans l'intervention des tribunaux, et a lieu à l'occasion d'une dette présentant un rapport intime avec les choses sur lesquelles elle s'exerce ; mais qui, contrairement aux principes de la rétention, nécessite la vente des animaux dans les 8 jours.

4° Avec la compensation légale; leurs conditions d'existence sont profondément distinctes : la rétention s'exerce sur des choses qui n'admettent pas la compen- sation : cette dernière n'ayant lieu que pour les dettes de sommes d'argent ou de choses fongibles. En outre, la rétention peut s'exercer sans qu'il soit nécessaire que la créance soit liquide. Leurs effets sont bien différents aussi : la compensation a lieu de plein droit et éteint deux créances l'une par l'autre à l'instant même qu'elles coexistent; jamais, au contraire, le droit de rétention n'a lieu de plein droit : jamais non plus il ne confère au possesseur la propriété de la chose.

5° Avec la revendication, non plus qu'avec l'action en résolution, puisque ces derniers moyens ont pour objet non pas d'assurer l'exécution du contrat, mais celui d'obtenir sa résolution.

6° Avec le privilége, quoiqu'il arrive souvent qu'ils soient attribués au même individu. Leurs effets et les principes sur lesquels ils reposent n'ont rien de com- mun : le privilége est un droit réel qui affecte la chose elle-même. Ce droit réside dans une action très énergi- que qui permet au créancier de poursuivre la vente de la chose sur la tête de son débiteur et même de la suivre entre les mains des tiers acquéreurs, afin d'exercer son droit de préférence sur le prix. Le droit du créancier ayant rétention est, au contraire, tout passif, puisqu'il ne l'exerce qu'au moyen d'une demande reconventionnelle. Ce droit n'af- fecte que la possession de la chose; il lui est lié intimé- ment, de telle sorte qu'une fois dépossédé, il ne peut pas la suivre en des mains tierces, sauf le cas de perte ou de vol pour les choses mobilières. Il est vrai que cette possession, personne ne peut la lui ôter; mais la chose retenue n'en demeure pas moins le gage commun de tous les créanciers de son débiteur, et s'il consent à ce qu'elle soit vendue, il est censé renoncer par là à son droit de rétention. Et, comme le plus souvent il n'a point de rang à discuter, ni aucun droit de préférence à réclamer, il sera réduit à la condition d'un simple créancier chirographaire. Mais, à l'inverse du privilége, le droit de rétention n'est soumis à aucune formalité, à aucune inscription, le fait de possession avertit suffisamment les tiers.

7o Avec l'hypothèque dont il se distingue : 1o par les conditions nécessaires à son existence, car la possession qui doit lui servir de fondement n'est pas nécessaire pour l'hypothèque qui suppose à son tour l'accomplissement de formalités étrangères au droit de rétention; 2o quant à ses effets, ce qui précède l'explique suffisamment; quant à la nature des choses auxquelles il s'applique, puisqu'il peut être exercé sur les immeubles.

8o Avec le droit de gage proprement dit : Ce n'est, en effet, que l'un des éléments du *jus pignoris*; le gagiste a un privilége qui n'appartient pas toujours au créancier rétenteur, et ce dernier ne peut point, comme lui, se faire attribuer la propriété du gage en paiement de sa créance.

9o Avec l'antichrèse : Dans le cas d'antichrèse, comme dans celui de rétention, tout droit de préférence se trouve éteint avec la perte de la possession de la chose; mais le simple rétenteur ne jouit pas du droit que la loi accorde à l'antichrésiste de percevoir les fruits de l'immeuble, sauf à les imputer sur ce qui lui est dû. En outre, de même que le gage ne peut porter que sur des meubles, de même l'antichrèse ne peut être concédée que sur des immeubles; au contraire, le droit de rétention pur et simple s'exerce également sur les uns et sur les autres.

Disons maintenant un mot des diverses espèces de droit de rétention.

Le droit de rétention est légal ou conventionnel, suivant qu'il dérive directement de la loi elle-même ou de la convention des parties. Le droit de rétention légal se définit : la faculté conférée au possesseur d'une chose d'en conserver la détention jusqu'au paiement de ce qui lui est dû à raison de cette chose. Le droit de rétention est conventionnel dans les cas de constitution de gage et d'antichrèse. Dans tous les autres cas, il est purement légal.

Pour que le droit de rétention conventionnel, principal ou accessoire au gage ou à l'antichrèse, existe entre parties, il faut deux conditions : le consentement des parties et la tradition de la chose. Au regard des tiers, il faut de plus, dans le cas d'antichrèse, quelle que soit la somme garantie, quelle que soit la valeur de l'immeuble, la rédaction d'un acte et sa transcription depuis la loi de 1855. Dans le cas de gage, il faut, en matière excédant 150 fr., un acte authentique ou sous seing privé dûment enregistré et contenant les énonciations prescrites par l'art. 2074.

Pour pouvoir grever une chose du droit de rétention

conventionnel, il faut en être propriétaire (sauf le cas de chose mobilière) et avoir la capacité d'aliéner.

Ces deux sortes de droits de rétention peuvent exister simultanément sur la même chose et au profit du même créancier, sans cesser néanmoins d'être distincts et indépendants l'un de l'autre : ainsi, le créancier gagiste peut avoir fait des dépenses de conservation sur l'objet donné en gage, ce qui lui permettra d'exercer le droit de rétention légal, même après que le paiement de la dette garantie par la remise du gage aura fait disparaître le droit de rétention qui résulte du contrat de nantissement.

Du reste, le droit de rétention légal et le droit de rétention conventionnel ont le même but, sont soumis aux mêmes règles, présentent des caractères identiques.

Néanmoins, il existe entre eux quelques différences ; ainsi : 1º le droit de rétention légal résulte de la loi qui le fonde sur un principe d'équité ; le droit de rétention conventionnel résulte de la volonté des parties, et se justifie avant tout par cette idée que les conventions sont obligatoires ; 2º le droit de rétention légal ne confère pas la jouissance de la chose, tandis que le consentement du propriétaire peut attribuer ce droit au gagiste (2089) ; 3º quand il s'agit d'une rétention légale, le débiteur, après avoir payé, ne jouit, pour réclamer sa chose, que de l'action en revendication ; au contraire, dans le cas de rétention conventionnelle, il le peut encore par l'action personnelle résultant du contrat ; 4º si la chose, objet de la rétention, périt par cas fortuit ou force majeure, le créancier peut ou non en exiger une autre, suivant qu'il s'agit du droit de rétention conventionnel ou du droit de rétention légal.

Certains auteurs, au lieu d'employer les termes conventionnel ou légal, disent volontaire ou forcé; ils subdivisent le premier en conventionnel ou testamentaire, et le second en légal ou judiciaire.

Le droit de rétention légal est exprès ou tacite, suivant qu'il résulte d'une disposition formelle de la loi ou de l'interprétation extensive des dispositions de la loi sur cette matière, ce qui a lieu lorsque la condition de connexité entre la créance et la chose se trouve remplie.

Le droit de rétention conventionnel est toujours et nécessairement exprès.

On dit enfin que le droit de rétention est simple ou qualifié (ou bien, principal ou accessoire), selon qu'il existe seul et indépendamment de tout autre droit, ou qu'il se joint à un autre droit dont il est l'accessoire, comme dans le cas de gage ou d'antichrèse.

II.

Conditions générales de son existence.

Pour que l'on jouisse du droit de rétention, il faut la réunion des conditions suivantes :

1º Que l'on soit en possession de la chose sur laquelle on prétend user du droit de rétention.

Cette condition est de l'essence même du droit de rétention et résulte de la nature même des choses ; on

ne peut donc exercer la rétention que sur les objets que
l'on a en son pouvoir.

Du reste, il n'est pas nécessaire qu'il y ait possession
civile, une simple détention matérielle suffit (art. 1749
et 1948). Il y a plus, dans le cas de rétention conventionnelle, le rétenteur peut posséder, par l'intermédiaire
d'un tiers, qui détient la chose en son nom et pour son
compte, pourvu que, par la convention des deux parties,
ce tiers ait été chargé de garder la chose dans l'intérêt
du créancier (Aubry et Rau, III, § 433, Paris, 15 novembre 1850 ; Sirey, 50, 2, 667).

Mais cette possession doit être exempte de violence
ou de fraude. Sans doute, une indemnité peut être due
au possesseur violent ou frauduleux ; car on ne peut
s'enrichir aux dépens d'autrui. Mais il n'aura, pour se
faire rembourser, qu'une action personnelle. Tel était
déjà le principe du droit romain (L. 152, *De regulis
juris*, D.). Toutefois, nous reconnaîtrons, en droit français, la faculté de retenir au simple possesseur de mauvaise foi.

2° Que l'on soit créancier du propriétaire de la chose
retenue.

En parlant d'une créance devant exister vis-à-vis du
propriétaire de la chose retenue, j'exprime le cas le
plus ordinaire, car il peut arriver qu'une chose appartenant à une autre personne que le débiteur, soit soumise au droit de rétention, pour la garantie de la dette.
Cela se présente en matière de droit de rétention conventionnel, lorsqu'un tiers affecte sa chose à la sûreté
de la dette d'autrui (C. N. 2077, 2090).

Et encore, lorsque c'est le débiteur lui-même qui

affecte la chose d'autrui à la garantie de sa dette, pourvu que le créancier soit de bonne foi et qu'il s'agisse d'un meuble, mais non d'une chose volée ou perdue (2279. Pont, *Priv. et hyp.*, n° 119 ; Mourlon, *Examen critique*, p. 241).

3° Qu'il y ait connexité entre la créance et la chose retenue, à moins que le droit de rétention ne résulte d'un texte formel de la loi ou de la convention des parties.

Par suite de cette connexité, dont nous avons déjà parlé, entre l'objet retenu et la créance du rétenteur, cet objet devient, en quelque sorte, entre les mains du créancier, le gage tacite de sa créance, née, le plus souvent, des dépenses de conservation ou d'amélioration de la chose. Le détenteur, en faisant ces dépenses, a, par là même, fait naître une obligation pour le propriétaire. Or, ce dernier, tenu par un quasi-contrat, ne peut exiger que le créancier satisfasse à l'obligation de restituer la chose qu'il détient, sans offrir, en même temps, d'exécuter sa propre obligation de rembourser les dépenses faites sur sa chose.

Telles sont les conditions nécessaires pour qu'il y ait rétention ; peu importe que la créance soit ou non liquide, mais il faut que ce droit n'ait rien de contraire aux bonnes mœurs et à l'ordre public.

Ajoutons que ce droit produit son effet, sans avoir besoin ni de publicité, ni d'inscription, ni de procès-verbaux, ni d'aucune des formes prescrites par les lois à l'égard des priviléges et hypothèques en général. Ce manque de formalité, destiné à assurer la publicité de la rétention, n'a point été réparé, sauf en ce qui concerné l'antichrèse, par la loi du 23 mars 1855. Quant aux meubles, ce défaut de publicité ne présente aucun inconvénient, puisque la rétention suppose la chose possédée par un créancier, et, dès-lors, en vertu des principes de l'article 2279, les autres créanciers, c'est-à-dire les tiers, ne peuvent pas considérer cet objet comme compris dans le gage général que constitue le patrimoine de tout débiteur. La seule possession de la chose mobilière avertit donc suffisamment les tiers.

Mais il n'en est pas de même quand il s'agit d'immeubles. Dès-lors, il semble regrettable que le législateur de 1855 n'ait pas songé au droit de rétention et n'ait pas soumis son existence à des formalités de transcription qu'il prescrit pour les autres droits réels.

Néanmoins, il est deux cas où ce droit sera porté à la connaissance des tiers, par suite d'une transcription.

1° Dans le cas d'antichrèse (loi du 23 mars 1855).

2° Dans le cas où un contrat de vente est transcrit avant le paiement du prix de vente et avant la délivrance de la chose. Dans ce cas, la transcription opérée dans le but d'assurer le privilège du vendeur (2108) et la translation de propriété, au regard des tiers, portera en même temps à leur connaissance l'existence du droit de rétention.

III.

Ses caractères.

On détermine le caractère du droit de rétention, en disant qu'il est : accessoire, indivisible, principal et non subsidiaire, réel et non personnel.

1° *Accessoire.*

Comme toutes les sûretés du même genre, et notamment les priviléges et hypothèques, le droit de rétention suppose une créance dont il est la garantie et dont il suit le sort. Ainsi, quand cette créance prend fin par un quelconque des modes d'extinction des obligations, il s'éteint avec elle. Du reste, il n'est pas nécessaire que la créance garantie soit civile : elle peut n'être que naturelle.

2° *Indivisible.*

C'est ce qui résulte des articles 867, 1675, 2083, 1948 et 2082 du Code Napoléon.

Il affecte chaque partie de la chose retenue pour chaque partie de la dette. Il ne suffirait donc pas au débiteur d'offrir un paiement partiel pour recouvrer la possession de la chose due ; le droit de rétention n'en subsisterait pas moins sur le tout. Ce droit est, en effet, indéfini quant à la valeur de la chose retenue. Le débiteur ne peut se plaindre, puisqu'il est en son pouvoir de faire cesser la rétention en payant sa dette. Enfin, plus grande sera la valeur de la chose retenue, et plus le débiteur sera stimulé à exécuter son obligation, plus la rétention sera efficace.

3° *Principal et non subsidiaire.*

Cette proposition signifie que le droit de rétention n'est pas accordé seulement à défaut de toute autre sûreté : on peut en jouir concurremment avec d'autres garanties.

4° *Réel et non personnel.*

Nous avons vu qu'en droit romain le droit de rétention était considéré par les jurisconsultes comme un droit réel, c'est-à-dire opposable aux tiers, malgré quelque controverse à cet égard.

Cette question, qui s'élève aussi en droit français, présente un grand intérêt pratique, surtout au cas où le débiteur est insolvable. Le droit de rétention est-il réel, il peut être opposé aux tiers au profit desquels le débiteur a aliéné ou hypothéqué la chose, postérieurement à l'origine de ce droit, de telle sorte que ces derniers ne peuvent le déposséder tant qu'il n'est pas désintéressé. Est-il au contraire simplement personnel, il n'est opposable qu'au débiteur, et les ayants-cause de ce dernier ne sont pas tenus de le respecter.

Or, des auteurs, dont l'autorité est grande dans la science, et dont l'opinion a été admise par plusieurs arrêts, ont soutenu que le droit de rétention était purement personnel. (Troplong, *Hypot.* 1, nos 255-264 ; *Nantiss.*, nos 442-470. — Delvincourt, III, p. 212.— Bastia, 9 mai 1838 ; Paris, 24 juillet 1852).

D'abord, disent ces auteurs, le droit romain n'admet pas la réalité du droit de rétention, et les lois du Digeste supposent toujours que le droit de rétention est opposé au débiteur du rétenteur et n'ont jamais en vue un conflit avec les tiers.

De même en droit français, l'art. 2082, aussi bien que l'art. 1048, ne supposent de débat qu'entre le débiteur et son créancier.

D'ailleurs, en matière de droit de préférence, tout est de rigueur ; on ne peut en créer par interprétation. Les art. 2093 et 2094 nous disent, en effet, que les biens du débiteur sont le gage commun de ses créanciers, à moins que l'on ne puisse invoquer un privilége ou une hypothèque, droits que les articles suivants énumèrent et réglementent avec le plus grand soin. Or, comment supposer que le législateur ait commis un oubli, quand on le voit ranger au nombre de ces mêmes droits de préférence, et le droit du gagiste et celui du conservateur de la chose d'autrui? (art. 2102, §§ 2 et 3).

En outre, l'art. 2091 rejette évidemment le caractère de réalité du droit de rétention, puisque cet article nous dit que l'antichrèse, l'un des cas particuliers de rétention, ne peut avoir d'effet vis-à-vis des tiers qui ont des droits sur l'immeuble. Or, cette règle est absolue et ne comporte aucune distinction. On ne peut dire, par conséquent, qu'elle s'applique seulement aux droits constitués avant l'antichrèse, ce qui serait une naïveté, puisqu'il est évident qu'on ne peut transmettre à autrui sur sa chose que les droits qui vous appartiennent. Si donc l'art. 2091 n'a de sens raisonnable qu'autant qu'il a trait aux hypothèques constituées après la constitution de l'antichrèse, n'est-il pas évident que ce droit n'est opposable qu'au débiteur seulement ?

Enfin, un dernier argument est tiré de l'art. 609 du Code de procédure. Cet article suppose qu'une saisie a été pratiquée par un créancier sur le mobilier du débiteur commun. Or, les autres créanciers, quels qu'ils soient, fût-ce même le locateur pour le prix de ses loyers, ne pourront s'opposer à la vente dans le but de faire reconnaître et régler la validité, le chiffre et le rang de leurs créances respectives. Cette opposition ne sera recevable que sur le prix de la vente. Or, si le locateur ne peut opposer ni la saisie, ni la vente, s'il est placé sur la même ligne que les autres créanciers, c'est donc que son droit de rétention n'est opposable qu'au débiteur seul.

Tel est l'exposé aussi complet que possible des arguments invoqués par ce système. L'on ne peut contester que les raisons invoquées par ses partisans ne soient fort sérieuses, et notamment qu'il existe de grandes différences déjà signalées entre le droit de rétention et le privilége. Néanmoins, nous ne croyons pas que la véritable question soit là, et qu'il faille adopter cette opinion.

En effet, nous verrons plus loin que l'esprit de la loi et des textes nombreux lui sont trop directement contraires, après avoir répondu successivement aux divers arguments invoqués par les partisans de ce système :

1º Quant au premier argument invoqué, nous l'avons déjà réfuté dans la partie qui traite du droit romain ; nous n'y reviendrons pas.

2º C'est une affirmation bien hasardée que celle qui consiste à dire que, dans l'exercice de droit de rétention, la loi suppose toujours un conflit entre le détenteur et le débiteur. Les textes invoqués en droit français sont loin d'être aussi décisifs qu'on veut bien le dire en faveur de l'opinion que nous combattons. On ne peut, en effet, conclure rigoureusement des termes de l'art. 2082 que le créancier détenteur n'a point le droit de repousser l'action des tiers qui voudraient le déposséder. Le législateur prévoit dans cet article le cas le plus ordinaire, celui où la rétention se trouve en présence du débiteur, et lui garantit expressément la possession de son gage, tant qu'il n'est pas payé. Mais lui refuse-t-il la même faveur au cas où il se défend contre des tiers créanciers?

Evidemment, rien ne peut le faire décider ainsi, et les termes de l'art. 2082 laissent la question entière. Quant à l'art. 1949, il est moins concluant encore : « Le » dépositaire, nous dit-il, peut retenir le dépôt jusqu'à » l'entier paiement de ce qui lui est dû à raison du » dépôt. » Ici, il n'est même pas question du débiteur. Le créancier pourra retenir le dépôt sans qu'aucune restriction soit apportée à son droit. La loi ne distingue nullement si le dépositaire se trouve en présence du débiteur lui-même ou d'un tiers. Or, pourquoi créer une distinction qui n'existe pas dans la loi ?

D'ailleurs, ce qui prouve de la manière la plus évidente que le législateur prévoit, dans ces articles, les cas les plus ordinaires, et que la loi n'a pas seulement pour but de régler les rapports existants entre le créancier rétenteur et son débiteur, c'est que l'art. 1749 nous offre précisément un cas où le droit de rétention est opposé par le détenteur à un ayant cause de son locateur. Aussi, dans ce cas, est-on forcé de reconnaître la réalité du droit de rétention du locataire.

3° Ajouter que l'article 2094 n'énumère pas le droit de rétention au nombre des droits de préférence, c'est faire une confusion entre deux droits distincts. Sans doute, la position des divers créanciers d'un même débiteur doit être égale, à moins qu'il n'existe entr'eux quelque cause de préférence : et ce droit de préférence ne peut résulter que d'un privilége ou d'une hypothèque. Mais il ne s'agit pas ici d'ajouter un troisième droit de préférence à l'énumération de l'article 2094. Le droit de rétention, comme l'a fort bien dit Arm. Dalloz, n'est ni un gage, ni un privilége, mais une sorte d'intermédiaire

6

entre ces deux droits (*Dic. de lég. et de jurisp.*, *Suppl.*, v° *Rétention*). Le bénéfice accordé au rétenteur est seulement de maintenir sa possession tant qu'il n'est pas désintéressé : jusque-là, sa position est inexpugnable.

Mais voilà toute sa sûreté. Et si, par imprudence, il fait vendre ou laisse vendre la chose retenue, il perd toutes ses garanties avec sa possession, et n'obtient plus qu'un simple dividende quand il ne peut invoquer, d'ailleurs, aucun droit de privilège ou d'hypothèque.

Sans doute, sa résistance sera un moyen de contraindre les tiers, aussi bien que les débiteurs, au paiement de sa créance, et son droit aura les effets d'un droit de préférence. Mais ce n'est pas au droit de rétention seulement qu'est accordé un semblable effet. Est-ce que tout créancier chirographaire ne peut pas se faire payer avant les autres créanciers, s'il peut opposer la compensation légale? Il en est de même du rétenteur. Il pourra peut-être ne recevoir jamais son paiement, si l'on n'a pas intérêt à retirer le gage d'entre ses mains. Mais aussi il sera payé le premier, si on veut le déposséder. Et telle est précisément l'utilité de son droit.

4° L'interprétation donnée de l'article 2091 est loin d'être exacte. D'abord, grammaticalement parlant, cet article ne signifie pas autre chose, sinon que les tiers qui auraient, lors de la constitution de l'antichrèse, des droits sur l'immeuble, ne peuvent être atteints dans leurs droits par la naissance de ce droit nouveau. Les mots, *pourraient avoir*, montrent évidemment que l'article ne s'occupe que du moment de la constitution de l'antichrèse, et non des droits que les tiers *pourraient* acquérir à l'avenir. C'est absolument la même théorie que celle de l'article 2182. Et quelque puérile que paraisse, au premier abord, une semblable règle, elle n'est pas aussi inutile qu'on pourrait le croire, à cause de cette jurisprudence ancienne dont parle Denizart, et qui accordait au créancier antichrésiste, aussi bien qu'au créancier gagiste, un droit de préférence, même vis-à-vis des créanciers antérieurs à l'antichrèse. Or, les rédacteurs du Code, qui étaient tous d'anciens praticiens et qui connaissaient la controverse rappelée par Denizart, ont voulu abroger cette règle ancienne, en refusant à l'antichrésiste le droit de primer les créanciers hypothécaires antérieurs.

3° Si l'article 609 du Code de procédure refuse au locateur, comme à tout autre créancier, le droit de s'opposer à la saisie et à la vente du mobilier du locataire, c'est pour remédier aux graves inconvénients qui résultaient, dans la pratique, de la disposition de l'Ordonnance de 1667, d'après laquelle tout créancier avait le droit de s'opposer à la vente des meubles du débiteur saisi, ce qui entraînait des retards et des frais considérables. Pour réprimer efficacement cet abus, on ne pouvait faire de distinction entre les divers créanciers. Mais, si le locateur ne peut empêcher la vente, il n'y perd rien assurément, puisqu'il fera valoir à son rang le privilège que lui attribue l'article 2102-1°. Au surplus, on ne peut raisonnablement étendre aux divers détenteurs de la chose du débiteur, la règle établie pour le locateur, qui n'est qu'un gagiste fort imparfait, puisque c'est son débiteur lui-même qui détient.

Le système que nous combattons contredit, en outre, de la manière la plus directe, l'esprit de la loi. En accor-

dant le droit de rétention à certains créanciers, le législateur a voulu évidemment leur donner une sûreté. Or,
cette sûreté ne serait-elle pas illusoire, si elle n'était
pas opposable aux tiers créanciers du débiteur, comme
à ce dernier lui-même ? Le débiteur ne pourra lui-même
dépouiller le créancier nanti, cela va de soi. Mais s'il
lui est permis de le faire déposséder par un tiers, ne lui
sera-t-il pas facile de trouver un ami complaisant, au
profit duquel il souscrira une obligation simulée ? Un
système qui favorise ainsi la fraude ne peut être celui
de la loi. D'ailleurs, il est impossible d'admettre que le
débiteur puisse conférer à des tiers plus de droits qu'il
n'en a lui-même, et détruire, au moyen d'un détour, le
droit du créancier rétenteur.

L'interdiction de l'exercice du droit de rétention vis-
à-vis des tiers conduit, en outre, à des résultats souve-
rainement injustes : si un artisan qui a amélioré la chose
d'autrui, si un possesseur de bonne foi qui a élevé des
constructions sur le fonds dont il est évincé, n'ont pas le
droit, jusqu'à leur remboursement, de défendre leur
possession vis-à-vis des créanciers du propriétaire, n'est-
il pas évident que ces créanciers s'enrichiront d'une
valeur que l'artisan ou le constructeur a mise dans le
patrimoine du débiteur commun ? En les obligeant, au
contraire, à rembourser préalablement ces dépenses, on
ne leur cause aucun préjudice, puisque l'artisan ou le
constructeur ne font, en quelque sorte, que reprendre
leur propre bien. Dira-t-on que le créancier dépossédé
par les tiers pourra exercer une action personnelle pour
recouvrer ses avances ? Mais si le débiteur est insolvable, ce qu'il faut toujours supposer pour trouver un

intérêt véritable à la question, de quelle utilité lui sera cette action, si sa créance est purement chirographaire, et si les créanciers ayant droit de préférence absorbent tout le prix de la chose saisie?

A ces considérations générales, nous pouvons ajouter plusieurs articles qui ne peuvent laisser subsister aucun doute :

L'art. 2071 nous dit d'abord que le nantissement est un contrat par lequel un débiteur remet une chose à son créancier pour sûreté de la dette. Puis l'art. 2072 distingue deux espèces de nantissement, à savoir, le gage et l'antichrèse, suivant que l'objet donné en garantie est un meuble ou un immeuble. Si la loi assimile ainsi l'antichrèse au gage, c'est qu'évidemment leur nature et leurs effets sont communs toutes les fois qu'elle n'y déroge pas. Or, le gage affecte la chose même à la sûreté du créancier : le même effet donc appartient à l'antichrèse. Sans doute l'antichrèse n'aura pas de privilège ; mais le législateur a soin de le dire. Au surplus, si l'antichrèse a pour but de donner une sûreté au créancier, il est évident que c'est la chose détenue elle-même qui fait l'objet de cette sûreté.

L'article 446 du Code de commerce nous révèle encore que le législateur considère l'antichrèse et par suite le droit de rétention comme un droit réel. Nous y voyons, en effet, ce droit mis sur la même ligne que les droits d'hypothèque et de gage, et, comme eux, déclaré nul et sans effet, quand il aura été constitué par le débiteur depuis l'époque déterminée par le tribunal comme étant celle de la cessation de paiement ou dans les dix jours qui auront précédé cette époque, pour assurer le

paiement de dettes contractées antérieurement. Si l'antichrèse n'était pas opposable aux tiers, c'est-à-dire à la
masse des créanciers, il serait inutile d'en prononcer la
nullité dans le cas prévu par cet article.

Ajoutons enfin, comme servant de fondement à notre
système, les articles 577 et 578 du Code de commerce.
Ces articles permettent au vendeur non payé d'exercer
le droit de rétention sur les marchandises qui n'ont pas
encore été livrées au failli; et ce n'est qu'autant que les
syndics dûment autorisés par le juge-commissaire ont
acquitté le prix convenu entre le vendeur et le failli,
que la délivrance peut être obtenue. Ici encore, le droit
de rétention s'exerce vis-à-vis de la masse des créanciers et non pas seulement vis-à-vis du failli, puisque ce
dernier n'est plus 'en cause depuis que le jugement
déclaratif de faillite l'a dépouillé de l'administration de
ses biens et du droit de faire des actes de commerce..

Au reste, la réalité du droit de rétention ne peut
guère être discutée à l'avenir, depuis que la loi du 23
mars 1855 est venue soumettre tout acte constitutif
d'antichrèse à la formalité de la transcription pour être
opposable aux tiers ayant hypothèque ou autres droits
réels sur l'immeuble engagé (art. 2-1°). L'antichrèse
n'est, en effet, que l'un des cas du droit de rétention
(Duranton, XVIII, n° 560 ; Valette, n° 7 ; Pont, n° 21 ;
Mourlon, *Commentaire crit. et prat.*, n° 228 ; Cassation,
31 mars 1851).

Ainsi entendu, ce droit présente une utilité véritable
et fournit un précieux moyen de crédit, surtout pour
les créances de minime importance, nées des besoins de

l'industrie et de la confiance, et qui ne sont protégées
par aucune autre garantie.

Mais nous n'irions pas jusqu'à dire pourtant qu'il est
interdit absolument aux tiers créanciers de saisir la chose
qui fait l'objet du droit de rétention. Leur débiteur,
propriétaire de la chose, peut l'aliéner, sous la condition
de respecter le droit du rétenteur; de sorte, que l'acquéreur ne pourra entrer en possession qu'après que ce
dernier aura été payé. De même, il doit leur être permis
de la faire vendre, pourvu qu'ils s'abstiennent de porter
aucune atteinte aux droits du créancier nanti.

Ainsi, la dette est-elle échue ou le terme est-il stipulé
dans l'intérêt du débiteur, la saisie de la chose retenue
sera possible. Mais les créanciers saisissants devront faire
insérer, soit dans le cahier des charges s'il s'agit d'un
immeuble, soit dans les annonces et affiches s'il s'agit
d'un effet mobilier, que la chose mise en vente se trouve
en la possession d'un créancier ayant le droit de la
retenir jusqu'à ce qu'il soit payé intégralement, et que
l'adjudication ne sera prononcée qu'autant que l'enchère
donnera un prix au moins égal à la créance du créancier
rétenteur et à la charge par l'adjudicataire de le verser
entre ses mains.

Si la créance était accompagnée d'un terme non échu
ou stipulé en faveur du créancier, la saisie pourrait
encore suivre son cours, mais à la condition que la vente
ne sera, pour ainsi dire, qu'à terme, et ne permettra à
l'adjudicataire d'entrer en possession qu'à l'échéance de
la dette et après l'entière satisfaction du créancier nanti.
Il suffira, comme dans la première hypothèse, que les
tiers enchérisseurs soient avertis par une clause spéciale

du cahier des charges ou un avis inséré dans les annonces et affiches.

IV.

Droits que la rétention confère au créancier.

Avant de parler des droits que la rétention confère au créancier, disons un mot des choses sur lesquelles peut porter le droit de rétention.

Toutes les choses corporelles aliénables, qu'elles soient mobilières ou immobilières, peuvent se trouver frappées d'un droit de rétention. Telle est la règle.

Mais ne peuvent faire l'objet d'un droit de rétention :

1° Les choses incorporelles. Toutefois, si un droit ne peut pas être l'objet d'une rétention, du moins on peut retenir la chose, objet de ce droit.

Il en est de même des créances ; cependant le droit de rétention peut s'exercer, dans certaines hypothèses, sur le titre qui la constate.

2° Les choses insaisissables qui ne peuvent être le gage des créanciers, par exemple, tout ce qui a le caractère d'aliments.

3° Les choses inaliénables, soit d'une manière absolue, soit d'une manière relative; par exemple : les choses du domaine public, les biens majoratisés, les soldes de retraite, les traitements de réforme, les pensions de la Légion d'honneur, et, en général, toutes les pensions payées par l'Etat, les droits d'usage et d'habitation, les immeubles dotaux.

4° Les personnes. Ainsi, il a été décidé qu'un enfant ne peut pas être retenu par un chef d'institution pour assurer le paiement de sa pension (*Gazette des Trib.*, janvier 1840).

Ces notions données, disons un mot des droits que confère la rétention au créancier rétenteur.

1° Le premier droit du rétenteur est de se refuser à la restitution de la chose, tant que le débiteur ne le paie pas intégralement.

2° Le créancier rétenteur jouit du droit d'expropriation comme créancier chirographaire. Cela est tellement vrai, que, s'il poursuit lui-même la vente, il est censé renoncer à son droit de rétention, et ne peut plus que se faire payer au marc-le-franc avec les autres créanciers sur le prix de la chose vendue.

3° Il a le droit de retenir la chose, non seulement pour sa créance primitive, mais encore pour les impenses nécessaires et utiles qu'il a faites sur cette chose pendant qu'elle se trouvait en son pouvoir.

4° Tout rétenteur violemment privé de sa détention, peut se faire restituer la chose retenue par la voie possessoire dite réintégrande, lorsqu'il s'agit d'un immeuble. S'il s'agit d'une chose mobilière, il peut se la faire restituer, dans le cas de perte ou de vol, pendant trois ans (2279). Ce délai, dans le cas de l'art. 2102, se trouve réduit à quarante ou quinze jours, suivant que les objets retenus garnissaient une ferme ou une maison.

Quand, au contraire, il a volontairement perdu la possession ou la détention, il ne peut plus se prévaloir.

du droit de rétention ni se faire restituer. Ce principe souffre cependant une exception : le vendeur d'effets mobiliers qui s'en est volontairement dessaisi et les a remis à l'acquéreur, peut les revendiquer s'il n'a pas été payé de son prix, se faire remettre en possession, et opposer ensuite jusqu'au paiement du prix, le droit de rétention (2102-4°).

4° Il peut céder son droit, mais seulement avec la créance qu'il garantit. En outre, pour que le cessionnaire jouisse du droit de rétention, il faut qu'il soit devenu créancier du débiteur et qu'il se trouve en possession de la chose sur laquelle il prétend exercer son droit.

Faisons observer que si le rétenteur ne peut pas détacher le droit de rétention de sa créance pour le céder séparément, du moins il peut en céder l'exercice ; cette cession est dite sous-gage. Le sous-gagiste détient au nom du rétenteur ; et son droit s'éteint en même temps que celui de ce dernier. Ce sous-gage, qui n'engendre que des rapports purement personnels entre le créancier sous-gagiste et son débiteur, permet au sous-gagiste de conserver la chose et de refuser de la restituer à son débiteur tant qu'il ne l'aura pas désintéressé ; il ne peut aggraver la position du rétentionnaire, et ne produit aucun effet au regard des tiers.

Tels sont les droits du créancier rétenteur, auquel il faut refuser :

1° Les droits d'user, de se servir de la chose retenue (2079 et 1930) ;

2° Le droit de faire siens les fruits de la chose retenue ;

3º Un droit de suite ;

4º Le droit de préférence. Tout le droit du rétenteur consiste à conserver la chose jusqu'à ce qu'il soit intégralement payé, et ce droit ne résulte que de sa possession. Si donc il la perd, il retombe dans la classe des chirographaires; la seule quasi · préférence , s'il nous est permis de nous exprimer ainsi, qui résulte de ce droit, c'est qu'il lui permet de ne pouvoir être contraint d'abandonner la possession de la chose, tant qu'il n'a pas été intégralement payé. Du reste, la loi lui refuse formellement ce droit, puisque dans l'art. 1094 elle ne comprend pas la rétention parmi les causes légitimes de préférence.

A ces droits correspondent des obligations. Le rétenteur, en effet, doit restituer la chose avec ses accessoires, sur laquelle il exerçait son droit, dès que sa créance a été entièrement acquittée, sauf le cas où elle est périe ou se trouve perdue sans sa faute. En outre, il est tenu d'apporter à la conservation de la chose les soins d'un bon père de famille. Enfin, il doit rendre compte des produits et des fruits, même de ceux non perçus par suite de sa négligence, lesquels se déduisent alors des intérêts et du capital.

Aux droits et obligations du rétenteur, nous devons opposer en peu de mots les droits et obligations du rétentionnaire.

Les obligations du débiteur, propriétaire de la chose retenue, sont les suivantes :

1º Laisser la chose entre les mains du rétenteur, tant qu'il ne l'a pas intégralement payé de sa créance en principal et accessoires ;

2o Indemniser le rétenteur des impenses qu'il a faites pour la conservation ou l'amélioration du gage ; pour le tout quant aux impenses nécessaires, pour la plus-value quant aux impenses utiles. Néanmoins, si les dépenses utiles ont été faites sans le consentement du débiteur, et qu'elles soient d'une valeur énorme, on ne peut pas condamner le débiteur à restituer une somme égale à la plus-value, car, dans ce cas, le recouvrement de la chose deviendrait onéreux pour lui, et on donnerait au créancier le moyen de rendre impossible le retrait.

Ses droits sont :

1o Exiger la restitution de la chose retenue, pourvu que le créancier ait été intégralement payé, et cela par l'action en revendication et par l'action personnelle née du contrat intervenu entre lui et son créancier dans le cas où il s'agit du droit de rétention accessoire du gage et de l'antichrèse ;

2o Même sans avoir acquitté la dette, réclamer sa chose au rétenteur, quand celui-ci s'en sert sans autorisation, ou quand, autorisé à s'en servir, il en abuse (art. 2082).

Pour terminer cette section des droits conférés par la rétention au créancier, nous devons examiner ce qui arrive lorsqu'il y a conflit avec d'autres créanciers. Quel rang faut-il assigner au rétenteur quand il se trouve en conflit avec des causes de préférence ? Certains prétendent que le rétenteur, jouissant d'un droit réel, peut exercer son droit à l'encontre de tous les créanciers privilégiés et hypothécaires, même de ceux dont les droits sont antérieurs au sien. (Tarrible, *Rép.*, vo *Priv.* de créance, sect. 4, § 5, nº 1. — Mourlon, *Examen crit.*, nº 224).

Pour nous, nous pensons que cela est vrai quant au droit de rétention portant sur un meuble (2279). Quant à celui portant sur un immeuble, il ne peut être opposé qu'aux créanciers hypothécaires postérieurs en date (2091).

Quant aux créanciers privilégiés, on doit, en l'absence de tout texte de loi sur cette question, décider, par application du principe de la réalité du droit de rétention, que le rétenteur les prime tous et peut leur opposer son droit à tous. (Mourlon, *Examen crit*, nº 221).

V.

Voies juridiques par lesquelles s'exerce le droit de rétention.

Sous l'empire de la législation actuelle, de même que dans notre ancien droit, le droit de rétention se fait valoir par voie d'exception : le créancier, actionné en restitution de la chose, répond qu'il n'est pas payé de sa créance, et que, la loi lui accordant le droit de rétention, il ne restituera qu'après paiement.

Si le créancier est attaqué violemment dans sa possession par un tiers et même par le propriétaire, il peut opposer la violence à la violence en vertu du droit de légitime défense.

Que s'il est actionné en justice par le propriétaire, il

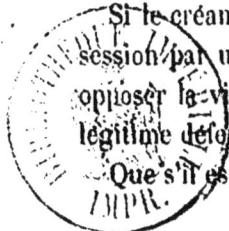

peut lui opposer le droit de rétention sous forme de moyen de défense (exception *sui generis*).

Les moyens que la loi met à la disposition du rétenteur pour protéger son droit de rétention, sont :

1° La réintégrande, en matière immobilière, dont il jouit pendant un an à partir des voies de fait et qu'il peut intenter contre quiconque retient l'immeuble, même contre une personne autre que l'auteur des voies de fait, et notamment, par exemple, contre un tiers de bonne foi.

2° Le droit qu'il puise dans l'art. 2279, en matière mobilière, et ce pendant trois ans, pour reprendre la chose perdue malgré lui et par fraude ou par accident, entre les mains des possesseurs de bonne foi, sauf la restriction de l'art. 2102.

Mais si le rétenteur se démet volontairement de la possession, il perd son droit de rétention et ne peut réclamer la chose, sauf l'exception de l'art. 2102-4°, quant au vendeur d'effets mobiliers.

Ajoutons que si le droit de rétention ne peut se faire valoir que par voie d'exception, il n'en est pas de même de la créance qu'il garantit. Le créancier peut se faire payer par voie d'action, même quand il a perdu volontairement son droit de rétention.

VI.

Son extinction.

Le droit de rétention peut s'éteindre de deux manières :

1° Par voie de conséquence :

Toutes les fois que la créance, garantie par une chose retenue, vient à s'éteindre pour une cause quelconque, le droit de rétention prend également fin ; car *accessorium sequitur principale*.

Le droit de rétention s'éteindra donc par :

a) Le paiement. — Le débiteur s'acquitte de ce qu'il doit et reprend ce qui lui appartient. Cette hypothèse du payement ne présente de difficulté que pour le cas où un tiers a acquitté la dette. Nous ferons tous nos efforts pour démontrer oralement que le tiers qui paie le créancier rétenteur peut, par voie de subrogation, exercer le droit de rétention pour son compte personnel et à l'encontre du débiteur qu'il a libéré (art. 1692).

b) La novation. — Nous appliquerons, par analogie, les art. 1278 et 1279. Ainsi, la novation a eu lieu par changement de créancier, ou bien un nouvel engagement a été substitué à l'ancien ; en principe, et à moins d'une convention contraire, le droit de rétention disparaîtra.

Enfin, la novation a eu lieu par changement de débiteur, dans ce cas, le droit de rétention s'éteint forcément parce qu'il devient tout-à-fait inefficace à l'égard d'une personne qui, n'étant pas propriétaire de l'objet retenu, n'a aucun intérêt à sa restitution.

c) La remise de la dette. — Le créancier se trouve dès lors obligé de restituer ce qu'il détenait, s'il n'a aucun autre motif d'en conserver la possession.

d) La compensation. — Pour éteindre le droit de rétention, elle doit au moins être égale à la créance du rétenteur. Alors, les autres conditions de la compensa-

tion existant, la créance principale et le droit de rétention se trouveront éteints.

e) *La confusion.* — Elle fera également disparaître le
droit de rétention par l'impossibilité qu'il y aura de
l'exercer : ainsi, le créancier succède à son débiteur, il
est bien évident, dans ce cas, qu'il ne peut exercer le
droit de rétention contre lui-même. Mais, la cause qui
a produit la confusion venant à disparaître, la créance
renaîtra, et avec elle le droit de rétention, c'est ce qui
arrivera si le créancier devenu héritier de son débiteur
est plus tard déclaré indigne.

f) *L'action en nullité.* — L'action en nullité ou en
rescision ne sera que rarement un mode d'extinction du
droit de rétention, parce que la créance qu'il garantit
naîtra le plus souvent d'un fait indépendant de la volonté
du débiteur, comme dans le cas de dépôt.

Dans quelques cas, cependant, l'action en nullité
éteindra le droit de rétention. Ainsi, dans l'hypothèse
prévue art. 1612, l'action en nullité qui éteindrait
l'obligation principale ferait également disparaître le
droit de rétention.

Quid de la prescription? Voir les Positions.

2º Par voie principale, c'est-à-dire quoique la créance
qu'il garantissait continue d'exister. Cela arrive :

a) Quand la chose sur laquelle portait le droit de
rétention est complètement détruite. Si la perte est
arrivée par la faute du rétenteur, non-seulement son
droit de rétention se trouve détruit, mais encore le
débiteur peut le faire condamner à des dommages et
intérêts qui entrent alors en compensation avec sa dette.
Si la perte résulte du cas fortuit ou de force majeure,

c'est le débiteur qui la supporte. Il y a plus, s'il s'agit d'un droit de rétention conventionnel ou accessoire à un droit de gage ou d'antichrèse, et d'une chose donnée par le débiteur lui-même, lorsque cette chose vient à périr par cas fortuit, le créancier a le droit d'en exiger une autre, pour remplacer la première, et de forcer le débiteur, s'il ne le satisfait pas sur ce point, à le rembourser immédiatement.

b) Quand le rétenteur renonce expressément ou tacitement à son droit de rétention : par exemple, en abandonnant de son plein gré la possession de la chose (exception quant aux art. 2102 4º Cod. Nap. et 576 C. de Comm.), en exerçant lui-même les poursuites à l'effet de convertir la chose en argent.

Mais dans aucun cas, la renonciation au droit de rétention n'emporte renonciation à la créance que le créancier continue de pouvoir faire valoir par voie d'action (art. 1286, *argum. d'analogie*).

c) Quand le créancier abuse de la chose, ou mieux encore, s'il l'administre tellement mal qu'elle risque de périr ou au moins de diminuer sensiblement de valeur.

d) Quand le créancier, ayant fait preuve de mauvaise foi, retarde la liquidation de sa créance pour conserver la chose du débiteur indéfiniment, les tribunaux lui ont assigné un délai pour procéder à la liquidation, et qu'à l'expiration de ce temps cette opération n'est pas terminée. Cette perte du droit de rétention n'a pas lieu, s'il peut justifier son retard (Ordon. de 1579, art. 97).

VII.

Utilité du droit de rétention.

L'utilité du droit de rétention est incontestable, car il produit d'importants effets.

1º En cas d'insolvabilité du débiteur, le rétenteur est certain d'obtenir un paiement intégral, de ne pas subir le concours des autres chirographaires ; il lui suffit d'user de son droit, de ne pas se dessaisir de la chose, tant qu'il n'est pas complètement indemnisé Sous ce point de vue on peut dire qu'il constitue un moyen indirect de préférence.

2º Même dans le cas où le débiteur est solvable, le droit de rétention présente de l'utilité ; il excite le débiteur négligent à s'acquitter de sa dette. Ce débiteur peut, en effet, avoir besoin de la chose retenue, et alors la nécessité ou même le simple désir de la reprendre l'oblige à se libérer promptement. Sous ce rapport, le droit de rétention est un moyen indirect de contrainte.

3º En outre, il diminue les frais d'instance et la perte de temps résultant du procès, car, se faisant valoir par voie d'exception, le juge décide en même temps la double prétention du propriétaire contre le rétenteur et du rétenteur contre le propriétaire.

Malgré ces avantages, le législateur a quelquefois accolé un privilége au droit de rétention, en faveur de certaines créances (C. N., 1612, 1613, 2102-4º, 2103-

1°). Quelle peut être l'utilité du droit de rétention dans
ce cas ?

Elle est très grande, en ce que, grâce à ce droit, le
créancier empêche le débiteur négligent de détériorer la
chose où même de la vendre et de diminuer, par là, le
gage de ses créanciers ; en ce que les priviléges, munis
d'un droit de rétention, passent, en général, avant les
autres ; en ce que le rétenteur privilégié est certain
d'obtenir un paiement intégral, même quand les autres
créanciers poursuivent la vente de la chose.

A côté des avantages, nous devons signaler les inconvénients de ce droit. Il prive un propriétaire de la possession de sa chose et altère son crédit, il gêne le droit
de saisie des autres créanciers ; il diminue l'actif de la
masse des créanciers, vu le paiement intégral qu'il
entraine ; il permet au rétenteur de rester trop longtemps
en possession de la chose de son débiteur, en apportant
beaucoup de négligence et de retard dans la liquidation
de sa créance, malgré que le juge puisse imposer des
délais au rétenteur pour cette liquidation.

CHAPITRE II.

APPLICATIONS.

Ainsi que nous l'avons déjà dit, c'est presque toujours
en faveur d'une créance née à l'occasion de la chose
retenue, que le législateur accorde le droit de rétention,
et, par suite, on doit, par équité, dans tous les cas où

cette circonstance se rencontre, et par interprétation de la loi, si incomplète en cette matière, donner au créancier le droit de rétention. En outre, à défaut de connexité entre la créance et la chose, le droit de rétention peut encore exister, pourvu qu'il résulte d'un texte formel de loi ou d'une convention expresse des parties. Enfin, il est des cas où, malgré cette connexité, la loi refuse, en termes exprès, par des considérations particulières, le droit de rétention.

C'est en adoptant cette division, que nous allons étudier les cas principaux d'application du droit de rétention.

SECTION PREMIÈRE.

CAS DE CONNEXITÉ ENTRE LA CRÉANCE ET LA CHOSE.

§ 1er.

Cas expressément prévus par la loi.

1° *Spécificateur.* — L'article 570 s'occupe du spécificateur, c'est-à-dire de celui qui a formé une nouvelle espèce d'une matière qui ne lui appartenait pas. La loi l'autorise à conserver la chose jusqu'à ce qu'il ait été remboursé de sa main-d'œuvre, à moins toutefois que la main-d'œuvre ne soit trop importante. Du reste, l'article 565 donne au juge la plus grande latitude à cet égard.

2° *Cohéritier*. — D'après l'article 867, le cohéritier qui fait le rapport en nature d'un immeuble, peut en retenir la possession jusqu'au remboursement effectif des sommes qui lui sont dues pour impenses ou améliorations. Quant aux impenses dont il peut se faire payer, ce sont seulement les impenses nécessaires pour le tout et les impenses utiles pour la plus-value. Quant aux impenses d'entretien, elles sont à la charge des fruits, et il n'y a droit que du jour du décès du donateur; de même, il ne peut, quant aux impenses voluptuaires, que procéder à leur enlèvement, si cela est possible sans détérioration.

Ici s'élève la question de savoir à quel moment il faut se placer pour déterminer la plus-value; sera-ce au moment du partage, comme porte la loi, ou bien au moment de l'ouverture de la succession? D'après nous, cette dernière opinion est bien plus conforme à l'équité; et, en l'adoptant, on ne refait pas la loi, mais on se conforme simplement à son esprit, puisque c'est évidemment par mégarde que les mots : *au moment du partage*, n'ont pas été remplacés par ceux : *au moment de l'ouverture de la succession*, dans l'article 861, transformation qui s'est opérée dans l'article 860.

Sous l'empire du Code civil, le donataire a le droit de retenir l'immeuble, mais il est libre, contrairement à l'ancienne jurisprudence, de le rapporter et de réclamer directement à ses cohéritiers, en vertu des art. 861 et 862, le remboursement effectif des sommes à lui dues pour impenses. En outre, le cohéritier n'a plus aujourd'hui le droit d'opérer une déduction sur l'immeuble ou sur sa valeur, d'en conserver une partie équivalente à la

somme des dépenses et de rapporter le reste à la succession. L'art. 867 ne l'autorise pas à s'approprier la plus
petite partie de l'immeuble ; il lui permet simplement de
retenir la possession comme à titre de gage, afin d'assurer le recouvrement des dépenses. Il en résulte que le
cohéritier n'a pas sur l'immeuble retenu les droits d'un
propriétaire, il n'en est qu'un simple possesseur, et cette
possession cesse d'exister quand les autres cohéritiers
offrent le remboursement des dépenses.

Le donataire n'étant plus qu'un simple rétenteur, ne
fait pas les fruits siens.

3° *Vendeur* (1612-1613). — Il importe de distinguer
selon que la vente a été faite, avec ou sans terme, pour
le paiement du prix.

Dans le cas de vente sans terme, la règle est que le
vendeur jouit du droit de rétention, par application du
principe que, dans les contrats productifs d'obligations
réciproques, l'une des parties ne peut pas contraindre
l'autre à s'exécuter, si elle-même n'est pas prête à
exécuter son obligation.

Quand la vente est faite avec un terme pour le paiement du prix, le vendeur n'est plus recevable à refuser
la délivrance de la chose vendue, sans paiement préalable. En suivant la foi de l'acheteur, il est présumé avoir
renoncé tacitement à son droit de rétention. Toutefois,
l'acheteur ne pourrait ainsi se faire délivrer la chose,
sans offrir en même temps le paiement du prix, qu'autant qu'il s'agirait d'un terme de droit. Car les juges, en
lui accordant un délai, ne pourraient évidemment pas
contraindre le vendeur à exécuter le contrat et à s'exposer à l'insolvabilité de l'acheteur.

Le vendeur pourrait encore refuser de délivrer la chose, même dans le cas d'une vente à terme, si depuis la vente le mauvais état des affaires de l'acheteur, comme sa faillite ou sa déconfiture, lui fait craindre de perdre le prix de la chose vendue. Cette situation des affaires du débiteur a toujours pour effet de le priver du bénéfice du terme (art. 1188-1613). En outre, l'art. 577 C. comm. donne formellement au vendeur non payé le droit de retenir les marchandises vendues qui ne sont pas livrées au failli, ou qui n'auraient pas été expédiées soit a lui, soit à un tiers pour son compte, et cela sans distinction si la vente est ou non accompagnée d'un terme. Mais les syndics pourraient, toutefois, avec l'autorisation du juge-commissaire, exiger la livraison de ces marchandises, en payant au vendeur le prix convenu entre lui et le failli (art. 578).

L'acheteur perdrait encore le bénéfice du terme s'il avait, par son fait, diminué les sûretés spéciales qu'il avait données au vendeur, et en considération desquelles ce dernier lui avait accordé un délai.

Remarquons, en outre, bien que l'art. 1613 parle d'une faillite ou d'une déconfiture survenue depuis la vente, que le même effet serait produit si la faillite ou la déconfiture antérieure avait été cachée frauduleusement au vendeur. Dans tous ces cas, ce dernier jouirait encore du droit de rétention.

Outre le droit de rétention, le vendeur jouit, et dans tous les cas, du droit de résolution qui, depuis la loi de 1855, s'éteint avec le privilége, faute d'une inscription utile. Il n'en est pas de même du droit de rétention; la loi gardant le silence à cet égard, et ce droit, quoique réel, n'étant soumis à aucune règle de publicité, ce serait étendre la loi que de le faire dépendre d'une condition qu'elle n'exige pas.

Du reste, ici, comme dans tous les autres cas, le droit de rétention suppose que la livraison de la chose n'a pas encore été opérée.

4° *Coéchangiste.* — Au cas d'échange, il n'est pas douteux que le coéchangiste puisse exercer le droit de rétention, si l'autre partie ne se montre pas disposée à faire la délivrance de l'objet qu'elle s'est engagée à livrer (C. N., art. 1707, 1612 et 1613).

5° *Acheteur à réméré* (art. 1673). — Il ne suffit pas au vendeur qui veut exercer le réméré, de réclamer son immeuble avant l'expiration du terme convenu ; il doit encore rembourser à l'acquéreur le prix principal qu'il a reçu, les frais et loyaux-coûts du contrat de vente, les réparations nécessaires en entier et les impenses utiles jusqu'à concurrence de la plus value. Tant qu'il n'a pas satisfait à ces obligations, il ne lui est point permis de rentrer en possession de son immeuble, nous dit l'article 1673 C. Nap.

Dans l'ancien droit, quelques auteurs pensaient qu'il suffisait au vendeur, pour pouvoir se mettre en possession, de payer ce qui était liquide, sans attendre la liquidation des loyaux-coûts et impenses, sauf caution ; la généralité des dispositions de l'article 1673 repousse manifestement ces distinctions (Pothier, *Vente*, n° 412).

Au moment de l'exercice du réméré, l'acquéreur peut avoir aliéné l'immeuble. Mais n'ayant qu'une propriété résoluble, il n'a pu transmettre à d'autres qu'un droit de même nature. Le vendeur peut donc exercer le réméré

vis-à-vis d'un sous-acquéreur aussi bien que vis-à-vis
de l'acquéreur primitif. Et réciproquement le tiers
détenteur jouit, sans aucun doute, du même droit de
rétention que son auteur; tant qu'il ne sera pas remboursé du prix de vente et de ses impenses. Mais le
vendeur ne devrait néanmoins rembourser à ce tiers
détenteur que le prix qu'il a reçu lui-même de son
acheteur, sauf au second acheteur le droit de recourir
en garantie contre son vendeur pour recouvrer la différence des deux prix de vente.

L'acquéreur à réméré peut opposer son droit de
rétention, non-seulement au vendeur, mais encore à ses
créanciers. Quant à ces derniers, il convient de distinguer entre les créanciers hypothécaires et privilégiés
antérieurs et ceux qui sont postérieurs à la transcription
de la vente. (Loi du 23 mars 1855, art. 1er). L'acheteur
ne peut opposer aux premiers son droit de rétention que
pour ses impenses et non pour ses autres créances;
au contraire, il peut l'opposer aux seconds pour toutes
ses créances, et, à ces derniers, il faut assimiler les
créanciers chirographaires antérieurs ou postérieurs à
la vente.

Si l'acheteur a réméré, au lieu d'exercer la rétention,
délaisse l'immeuble avant d'avoir été payé, il ne pourra
être considéré comme vendeur et avoir à ce titre le privilége de l'art. 2103, car le réméré n'est pas une vente
nouvelle, mais une résolution de vente consommée. Il
doit donc être classé parmi les créanciers chirographaires. La loi lui donnait un droit de rétention; s'il
n'en a pas usé, il ne peut s'en prendre qu'à sa négligence.

6° *Propriétaire exproprié.* — Sans doute, en principe, le droit de propriété est sacré et inviolable, mais il
est des cas où ce droit est néanmoins sacrifié. Tel est
celui où on dépouille le propriétaire de sa propriété dans
un but d'utilité publique. Si l'intérêt de tous légitime
cette expropriation d'un seul, ce ne peut être qu'autant
que la personne dépouillée reçoit une indemnité égale à
la valeur de sa chose. Mais on ne pouvait laisser au
caprice de l'Etat ou de toute autre personne morale
poursuivant l'expropriation, le choix de l'époque où elle
se libérerait de cette indemnité. De là, les dispositions
de nos lois protectrices du propriétaire. L'art. 545 semble subordonner au paiement de l'indemnité l'expropriation elle-même. Il n'en est rien, c'est le jugement
d'expropriation qui consomme l'aliénation ; la question
d'indemnité n'a aucune influence à cet égard. La véritable disposition de l'art. 545 ressort de son rapproche-
ment avec l'art. 53, L. 3 mai 1841. C'est le droit de
rétention jusqu'au paiement de l'indemnité qu'il consacre au profit du propriétaire exproprié.

Toutefois, lorsqu'il y a urgence reconnue par un
décret, l'indemnité peut être acquittée entre les mains
du propriétaire, postérieurement à la prise de possession.
Mais même dans ce cas, le droit du propriétaire à une
indemnité est garanti d'une manière certaine par la
consignation d'une somme suffisante pour le désintéresser complètement. (L. du 30 mars 1831 ; du 3 mai 1841,
art. 65 et suiv.).

7° *Domaine congédié.* — Un cas de rétention qui
offre une certaine analogie avec le précédent est celui
où il s'agit du droit de rétention que la loi des 7 juin,

5 août 1791 (art. 21) accorde au domanier, contre le
propriétaire foncier qui le congédie jusqu'au remboursement des édifices et superfices qui lui appartenaient.

On sait que dans le bail à domaine congéable, le
domanier devient propriétaire des édifices et superfices
qui existent sur le fonds et de ceux qu'il élève dans la
suite ; et qu'après un certain temps, le foncier a la
faculté de le congédier en lui en payant la valeur. C'est
donc une véritable expropriation au profit d'un particulier à laquelle est soumis le domanier ; aussi la loi pré-
citée dispose-t-elle qu'il « ne pourra être expulsé que
préalablement il n'ait été remboursé. »

8° *Dépositaire* (art. 1947-1948. — Le dépôt, essentiellement gratuit, ne doit causer aucun préjudice au
dépositaire qui rend généreusement un service ; l'article 1947 oblige la personne qui a fait le dépôt à rembourser au dépositaire les dépenses qu'il a faites pour la
conservation de la chose déposée, et à l'indemniser de
toutes les pertes que le dépôt peut lui avoir occasion-
nées. Comme sanction de cette disposition, l'article suivant accorde au dépositaire le droit de retenir le dépôt,
jusqu'à l'entier paiement de ce qui lui est dû, à raison
du dépôt. En outre, le dépositaire peut toujours réclamer
directement ses dépenses au déposant ; et, de plus, il a
quelquefois un droit de privilége sur l'objet déposé. Trois
voies lui sont donc ouvertes pour être indemnisé : l'action, la rétention, le privilége.

Le dépositaire peut réclamer par la voie de l'action :
1° le montant de toutes les dépenses nécessaires qu'il a
faites à l'occasion du dépôt; 2° et des indemnités pour
tout le dommage causé par le dépôt, à la condition que

ces dommages ne soient pas le résultat de sa faute ou de sa négligence. Quant aux dépens qui peuvent être réclamés, il ne s'agit que des dépenses strictement nécessaires. Le dépôt n'est pas remis au dépositaire pour qu'il l'améliore ou qu'il l'embellisse, mais pour qu'il le conserve. Il n'en est pas l'administrateur, il n'en est que le conservateur. Je crois donc, malgré l'opinion contraire de quelques auteurs (Duranton, t. 18, n° 73; Duvergier, t. 21, n° 502), que le dépositaire ne pourrait pas même répéter la plus-value résultant des dépenses utiles qu'il aurait faites sur l'objet déposé.

Le droit de rétention est accordé au dépositaire pour les mêmes causes; dépenses indispensables relatives à la chose déposée; indemnité des dommages causés par cette chose. Il est évident, en effet, que ce droit de rétention n'est pas accordé au dépositaire, pour la garantie des créances étrangères. Au reste, ce droit ne donne même pas au dépositaire la propriété du dépôt; il ne lui donne pas un privilége sur le prix du dépôt, ainsi que quelques auteurs semblent le vouloir (Duvergier, t. 21, n° 506). Le dépositaire n'acquiert, en vertu de la rétention, que le droit de conserver la possession du dépôt jusqu'à ce qu'il soit indemnisé complètement; il doit le restituer au déposant dès que celui-ci offre l'indemnité réclamée.

Outre son action et son droit de rétention, le dépositaire a un privilége sur le prix de l'objet déposé, lorsque ces dépenses ont été faites pour conserver cet objet, en vertu de l'article 2102, § 3. Ce privilége est moins étendu que le droit de rétention, puisqu'il n'assure que le paiement des frais faits pour la conservation du dépôt, et non l'indemnité des dommages causés par le

dépôt; mais il est plus puissant que le droit de rétention, parce qu'il subsiste même après la restitution du
dépôt.

Observons que la compensation n'est jamais permise
au dépositaire, lors même que le dépôt consisterait en
une somme d'argent (Troplong, *Du dépôt et du séquestre*,
n°ˢ 197 et 198).

Quant aux dépenses utiles, nous ne refusons pas au
dépositaire toute action. Comme nul ne peut s'enrichir
injustement aux dépens d'autrui, nous lui accordons,
suivant les circonstances, une action *de in rem verso* ou
une action *negotiorum gestorum*, jusqu'à concurrence de
ce dont ces dépenses ont augmenté la valeur de la chose
(Duranton, XVIII, 75; Dalloz, v° *Rétention*, n° 44).

Pour les dépenses voluptuaires, le dépositaire n'a que
le droit de les enlever, sans endommager la chose.

9° *Officier public qui a vendu les biens d'un débiteur*
(C. proc., 657). — Cet officier public, chargé de la
vente des biens du débiteur, jouit d'un privilége; mais
ce privilége est encore plus favorable que celui des
autres créanciers pour frais de justice, grâce au droit
de rétention qui l'autorise à se payer avant de consigner
le prix de vente. Cela est tellement vrai, que si cet officier renonce à ce droit et néglige de faire la déduction
que lui permet l'article 657, dans ce cas, il vient en
concours avec tous les autres créanciers pour frais de
justice.

Le droit de rétention existe aussi au profit du commis-
saire-priseur qui a procédé à la vente du mobilier d'une
succession vacante. Le système contraire, adopté par la
Cour de Cassation, semble difficile à justifier, car l'ana-

logic la plus complète existe entre sa situation et celle dont parle l'art. 657 du Code de procédure.

Enfin, le droit de rétention est accordé spécialement au notaire par l'art. 851 du Code de procédure, qui lui permet de ne pas délivrer l'expédition d'un acte tant qu'il n'est pas payé des frais et déboursés de la minute, outre les frais d'enregistrement.

§ 2.

Cas non expressément prévus par la loi, mais où l'on accorde le droit de rétention par extension, vu qu'il y a connexité.

1° *Possesseur.* — Nous savons que le possesseur de bonne foi peut se faire indemniser de la totalité des dépenses nécessaires, quelle que soit l'augmentation de valeur réalisée au profit de l'immeuble et de ses impenses utiles, soit jusqu'à concurrence de la dépense, soit jusqu'à concurrence de la plus-value, au choix du propriétaire. Cette créance, d'après nous, se trouve garantie par le droit de rétention. La loi ne parle pas de ce droit dans l'art. 555. Mais d'abord, il est évident qu'elle entend l'accorder implicitement dans tous les cas où il y a connexité entre la créance et la chose retenue. Ensuite, le Code Napoléon donne le droit de rétention d'une manière formelle dans bien des hypothèses beaucoup moins dignes d'intérêt ; car s'il est un cas où ce droit paraît équitable, c'est certainement celui

où il s'agit d'un possesseur de bonne foi. Puis, il est de
la dernière évidence qu'en cette matière le Code Napoléon a entendu reproduire l'ancien Droit; s'il avait voulu
retirer le droit de rétention au possesseur, il l'aurait fait
dans une disposition expresse. En outre, cela résulte
de l'art. 2102-3º, qui accorde un privilége pour les frais
de conservation d'une chose mobilière ; dès-lors, comment ne pas même donner un droit de rétention au possesseur de bonne foi qui a conservé un immeuble dont
il se croyait propriétaire. Cette opinion, malgré la controverse, a réuni les suffrages de la doctrine et de la
jurisprudence (Toullier, 111, nº 130 et XIV, nº 327 ;
Marcadé, sur l'art. 555, nº 5 ; Demolombe, *Distinction
des biens*, nº 682; Montpellier, 25 nov. 1852 ; Dalloz,
56, 2, 20).

Quant au possesseur de mauvaise foi, nous ne pensons
pas que l'on puisse lui accorder le droit de rétention.
C'est ce qu'admet la majorité des auteurs.

L'article 548 accorde au possesseur un droit de
rétention pour les frais de culture sur les fruits de l'immeuble jusqu'à ce que le propriétaire l'ait remboursé.

Quant aux impenses voluptuaires, il ne saurait être
question de rétention, vu qu'elles ne produisent même
pas une créance au profit du possesseur qui peut seulement procéder à leur enlèvement sans détérioration.

2º *Pour frais d'amélioration de la chose mobilière
d'autrui*. — L'art. 2102-3º accorde un privilége sur la
chose mobilière pour les frais de conservation de cette
chose, sans qu'il y ait lieu de distinguer si elle est cor-
porelle ou incorporelle, animée ou inanimée. Il n'en est
pas de même pour les frais d'amélioration. Néanmoins,

à défaut de privilége, le créancier jouit d'un droit de rétention par application des principes d'équité qui veulent qu'un propriétaire, avant de rentrer en possession de sa chose, indemnise, jusqu'à concurrence de la plus-value, son créancier, des dépenses utiles qu'il a faites et par analogie avec de nombreuses dispositions du Code Napoléon (570-1673, Code de comm. 93-94), et conformément à la jurisprudence de la Cour de Cassation (Cass., 17 mars 1829; D. 29, 184). Ce droit se perd quand on abandonne la possession, et lors même qu'on viendrait à la recouvrer ultérieurement, on ne pourrait plus se prévaloir de son droit pour les impenses faites avant la cessation de la première possession.

Que si un ouvrier a reçu plusieurs parties de matières premières pour les façonner, et qu'après le travail il les rende par remises successives mais avec retenues correspondantes, chaque retenue ne garantira que le paiement de la créance du lot dont elle a été soustraite, malgré l'insuffisance du paiement total.

3° *Tiers détenteur d'un immeuble hypothéqué.* — L'article 2175 confère au tiers détenteur d'un immeuble hypothéqué, acheteur, donataire ou autre, actionné en délaissement ou qui subit l'expropriation de l'immeuble, la faculté de se faire tenir compte, par les créanciers hypothécaires qui l'évincent, de ses impenses et améliorations jusqu'à concurrence de la plus-value. La position de ce tiers détenteur est exactement la même que celle de tout autre possesseur évincé ; à ce titre, il faut donc lui reconnaître le droit de rétention sur l'immeuble jusqu'au remboursement de ses impenses, nécessaires et utiles, quant à la plus-value seulement. Cette plus-value se détermine par une comparaison du prix auquel l'immeuble se serait élevé, s'il avait été vendu dans son état primitif, et de la valeur qu'il a acquise au moment de l'expropriation. L'excédant de valeur sur le prix primitif constitue la plus-value.

Mais l'indemnité ne pourra jamais, quelle que soit la plus-value, être supérieure à la somme dépensée.

4° *Créanciers hypothécaires contre le tiers détenteur qui a délaissé.* — Le délaissement n'empêche pas que jusqu'à l'adjudication le tiers détenteur puisse reprendre l'immeuble, pourvu qu'il paie les créanciers hypothécaires et les frais, car n'ayant pas cessé d'être propriétaire, il peut reprendre la possession de sa chose en faisant cesser les causes qui ont donné lieu au délaissement. Mais, pour pouvoir user de cette faculté, le tiers doit payer tout ce qui est dû, même les frais d'expropriation, pour lesquels un engagement de payer suffit. Quant aux frais de poursuite, nous pensons que les créanciers peuvent en exiger le paiement préalable en vertu du droit de rétention. En effet, les conditions du droit de rétention se rencontrent ici ; les créanciers possèdent l'immeuble, et ont fait, à l'occasion de cet immeuble, des frais de poursuite qu'il faut leur rembourser pour faire cesser leur droit de rétention.

5° *Usufruitier.* — L'usufruitier ne peut, aux termes de l'article 599, réclamer, à la cessation de l'usufruit, aucune indemnité pour les améliorations qu'il prétendrait avoir faites, encore que la valeur de la chose en fût augmentée ; il peut seulement enlever les ornements qu'il aurait fait placer, mais à la charge de rétablir les lieux dans leur état primitif ; ses héritiers ont le même droit.

8

Malgré cet article, qui, d'après certains auteurs, prohibe tout droit à une indemnité quelconque, nous pensons que le mot *améliorations* ne peut désigner que les impenses utiles ; mais que quant aux autres impenses, telles que les grosses réparations, qui sont à la charge du nu-propriétaire, l'usufruitier pourra se les faire rembourser, même par voie de rétention (Taulier, t. II, p. 315).

6° *Mari.* — Nous allons successivement examiner la question sous tous les régimes que peuvent adopter les époux en se mariant.

Communauté légale et conventionnelle. — La communauté étant dissoute par la mort de l'un des époux ou par la mort du mari lui-même, la femme ou ses héritiers peuvent l'accepter ou y renoncer : mais, dans les deux cas, ils ont le droit de reprendre les biens qui ne sont pas tombés en communauté. Il peut arriver cependant que le mari, administrateur des biens personnels de sa femme et responsable de tout dépérissement de ces biens, eût fait à ses frais des dépenses importantes ; nous n'hésitons pas à lui accorder, dans ce cas, le droit de retenir jusqu'à ce qu'il ait été désintéressé. Que si les dépenses ont été faites des deniers de la communauté, le mari pourra retenir en raison de la part qui doit lui échoir dans le partage de la communauté.

Mais il en serait autrement si la dissolution de communauté résultait d'un jugement de séparation de biens. Ce jugement, en effet, a constaté le désordre des affaires du mari, sa mauvaise administration, son incapacité, son infidélité peut-être. Comment admettre que ce jugement pourrait être entravé par l'exercice du droit de rétention, que le mari qui met en péril la fortune de sa femme serait ainsi mis en même de continuer ses folies ou ses dégradations. Nous pensons donc que dans ce cas rien ne pourra s'opposer à l'exécution du jugement. Le Code Napoléon, art. 2082, autorise le débiteur à reprendre sa chose lorsque le gagiste en abuse. L'hypothèse, d'ailleurs, se présentera rarement, car il n'est pas fréquent de voir, dans une instance en séparation judiciaire, le mari réclamer des dépenses avancées par lui. Les pertes qu'il aura fait éprouver à la femme seront en général plus fortes que les améliorations qu'il aura apportées aux biens personnels de celle-ci.

Le danger résultant de la mauvaise administration du mari n'est plus à craindre quand la séparation de biens ne se présente que comme conséquence de la séparation de corps.

Si les griefs invoqués à l'appui de la séparation de corps se compliquent d'un désordre dans les affaires du mari, la femme pourra intenter principalement une demande en séparation de biens, et ce que nous venons de dire tout à l'heure s'appliquera sans restriction, le mari ne pourra pas retenir. La femme aura un autre intérêt à intenter cette double action, car l'effet du jugement ne remonte au jour de la demande que dans le cas de séparation de biens principale.

Exclusion de communauté. — Nous donnerons la même solution que dans le cas de communauté pure et simple. Sous ce régime, en effet, le mari est administrateur, tenu de rendre compte et de restituer, et, sauf le cas de séparation de biens judiciaire principale, sa garantie sera la rétention.

Séparation de biens. — La femme conserve la libre administration. Le mari n'ayant aucun pouvoir n'a besoin d'aucune garantie ; si la femme lui confère l'autorisation d'administrer, il sera mandataire ; s'il s'immisce sans ordre, il sera gérant d'affaires ; et nous appliquerons les règles que nous allons poser à leur égard.

Régime dotal. — Le mari peut-il user du droit de rétention sur les immeubles dotaux de la femme pour les impenses qu'il a faites ?

Suivant un premier système, il le peut même pour les impenses utiles, sans quoi il négligerait les améliorations ; en outre, un tel refus favoriserait les donations indirectes entre époux.

Le mari n'a jamais le droit de rétention sur les immeubles dotaux de sa femme, pas même pour les impenses nécessaires : tel est le second système.

Enfin, d'après un troisième système qui, seul, nous semble admissible, le mari peut user du droit de rétention jusqu'au remboursement de ses impenses nécessaires, mais il ne le peut pas s'il s'agit d'impenses utiles. Cette distinction se justifie par l'art. 1558 qui permet l'aliénation des immeubles dotaux pour les impenses nécessaires, mais la défend pour les impenses purement utiles (Toullier, IV, 326 et 327 ; Aubry et Rau, IV, § 540).

7° *Acheteur en cas de résolution ou de rescision de la vente.* — En cas de rescision ou de résolution de la vente pour défaut d'exécution des conditions, on doit autoriser l'acheteur quoiqu'on se trouve en dehors du cas de réméré, puisqu'il s'agit d'une vente pure et simple, à rester en possession jusqu'au paiement de ses impenses.

Cela ressort de l'esprit de l'art. 1673 et de notre théorie de la rétention, car il y a possession et connexité.

Ce droit devrait, néanmoins, lui être refusé, si la vente avait été résolue pour cause de violence ou de dol de sa part.

8° *Acheteur évincé.* — Quand un acheteur est évincé, ce qui se présente lorsque, ayant acquis la chose *a non domino*, le véritable propriétaire veut ensuite la lui réclamer, il jouit contre ce dernier du droit de rétention jusqu'à ce qu'il l'indemnise de ses impenses nécessaires pour le tout, et de ses impenses utiles pour la plus-value. La différence en moins entre la plus-value et les déboursés est due par le vendeur. Les impenses voluptuaires ne sont dues qu'au cas de mauvaise foi.

9° et 10° *Mandataire et gérant.* — Le mandataire et le gérant ont droit, aux termes des art. 1375 et 1999, au remboursement de leurs dépenses nécessaires et utiles. Toutefois, le gérant est renfermé dans des bornes plus étroites que le mandataire. Peu importe, à l'égard de ce dernier, que l'affaire soit bonne ou mauvaise. Il n'en est pas de même du gérant d'affaires. Néanmoins, ils peuvent, selon nous, refuser tous deux de se dessaisir de la chose jusqu'à ce qu'ils aient été désintéressés.

Ce que nous venons de dire du mandataire devrait s'appliquer sans difficulté au tuteur et curateur, à l'administrateur légal, et à l'envoyé en possession provisoire des biens d'un absent (131 et 132, C. N.) qui, eux aussi, sont des mandataires; de même, les huissiers et

les avoués ont la rétention des pièces pour leurs déboursés, mais non pour leurs honoraires.

Au gérant d'affaires doit être assimilé le communiste.

11° *Commodataire*. — L'art. 1885 refuse à l'emprunteur le droit de retenir la chose prêtée par compensation
de ce que le prêteur lui doit. Cet article fait l'application
de deux principes importants : l'un, que le créancier
qui n'a pas eu la précaution de se faire donner un gage
ne peut pas en acquérir ultérieurement sans le consentement de son débiteur, ni retenir à titre de gage un
objet sur lequel il n'a aucun droit ; l'autre, que la compensation n'a lieu qu'entre des sommes liquides et non
pas entre des corps certains. Mais si le commodataire a
fait quelques dépenses nécessaires à la conservation de
l'objet prêté, ou quelques pertes à cause de cet objet,
n'a-t-il pas, outre une action spéciale pour réclamer une
indemnité, le droit de retenir l'objet prêté afin d'assurer
le paiement de cette indemnité ?

Suivant M. Duranton, la prohibition de l'art. 1885 est
trop formelle pour qu'il soit possible d'accorder au commodataire ce droit de rétention. Les lois romaines accor-
daient ce droit expressément en matière de prêt à usage.
Mais notre Code ne renferme aucun article analogue.
L'art. 1948 autorise le dépositaire qui a fait des dépenses à retenir le dépôt « et cela est juste, parce que le
service qu'il a rendu ne doit pas l'exposer à perdre le
montant de ses dépenses, ce qui arriverait si le déposant
était insolvable... » Mais on ne trouve nulle part une
disposition semblable à l'égard d'un emprunteur à usage ;
« et comme celui-ci reçoit un service, tandis que le
dépositaire en rend un..., il n'y a pas de raison suffi-

sante d'appliquer au cas de *commodat*, ce qui est décidé à cet égard en matière de dépôt. » (Duranton, t. 12, n° 450, et t. 17, n° 538).

Malgré ces raisons, la majorité des auteurs accorde le droit de rétention à l'emprunteur comme au dépositaire. Les principes d'équité naturelle ne permettent pas que des frais inattendus, ou extraordinaires, ou indispensables à la conservation de l'objet, soient supportés par un détenteur temporaire. C'est une charge naturelle du propriétaire.

Mais, vu le silence de la loi, on doit accorder le droit de rétention au commodataire avec plus de circonspection qu'au dépositaire. Il faut que la nécessité des dépenses relatives à l'objet prêté soit bien constatée pour qu'on permette à l'emprunteur de retenir cet objet en garantie du remboursement ; et c'est aller trop loin, sans aucun doute, comme M. Troplong, que de lui reconnaitre le droit de retenir le prêt pour de simples dépenses d'amélioration (*Prêt*, t. 14, n° 128). Il faut encore que les dommages dont il réclame la réparation soient évidemment occasionnés par l'objet prêté pour qu'il puisse retenir cet objet en garantie de cette réparation. Mais après qu'il a prouvé la justice de ses demandes, il peut prétendre à la rétention sans difficulté. Il importe, en effet, de remarquer qu'en vertu de l'art. 2102, § 3, le commodataire peut réclamer, non seulement la rétention, mais même un privilége sur le prix de l'objet prêté lorsqu'il s'agit de frais faits pour la conservation de l'objet.

12° *Voiturier*. — Un privilége, qui repose sur l'idée de gage, est accordé au voiturier pour le paiement du transport, sur les marchandises et effets transportés (art. 2102 C. N. et 93 à 95 Cod. de comm.). En outre, le voiturier a le droit de rétention. Pour que la rétention et le privilége subsistent, il faut que le voiturier détienne; s'il abandonne au destinataire les objets transportés, il s'est dessaisi de son gage, il n'a plus ni privilége ni rétention. Il faut remarquer, cependant, qu'un voiturier qui dépose les objets chez le destinataire pour que celui-ci les reconnaisse, et qui se réserve expressément de revenir chercher son paiement, ne devrait pas être déchu du droit de rétention et du privilége ; car il n'est pas plus dessaisi de son gage qu'un marchand qui permettrait à un acheteur d'emporter, pour l'examiner, un objet non encore acheté, mais il est indispensable que le voiturier revienne au plus tôt réclamer son paiement. Le capitaine qui, à cause des dangers de la mer, a délivré les marchandises de son chargement, est préféré pour le paiement du frêt sur le prix de ces marchandises pendant quinze jours après leur délivrance, pourvu qu'elles n'aient pas passé en mains tierces (306 C. comm.). On conclut de là, par analogie, que le voiturier peut décharger ses effets chez le destinataire, mais qu'il doit réclamer très promptement le prix de transport, car les réclamations lui sont plus faciles qu'au capitaine.

13° *Fermier ou locataire.* — Le fermier ou locataire doit aussi jouir du droit de rétention. Ce droit s'exerce sur la chose louée.

Dans notre ancienne jurisprudence coutumière, le locataire pouvait en user sur ses loyers pour se faire indemniser des dépenses nécessaires, pourvu qu'il les eût faites avec le consentement du propriétaire, ou à défaut de consentement, qu'il l'eût sommé en justice de

les faire lui-même et qu'il eût été autorisé par le juge à
les accomplir à la place du propriétaire.

Quant aux dépenses qui n'étaient pas nécessaires, il
n'avait droit à aucune indemnité et ne pouvait procéder
qu'à leur enlèvement. (Dumoulin, art. 38, coutume du
Vermandois ; Loysel, Inst., cout., no 480).

Actuellement ce droit ne s'applique qu'aux dépenses
nécessaires ; quant aux dépenses utiles, le fermier est
de mauvaise foi ; on doit donc lui appliquer l'art. 555,
c'est-à-dire permettre au propriétaire de les faire enlever :
ce n'est qu'autant qu'elles conviennent au propriétaire
que le fermier jouit d'une créance, et alors cette créance
est munie du droit de rétention.

14° *Celui qui a reçu indûment une chose.* — Le possesseur d'une chose reçue indûment a droit au remboursement de toutes les dépenses nécessaires ou utiles faites
sur la chose réclamée par la *condictio indebiti* (1381).
Quant aux dépenses de la première classe, aucune distinction ne doit être faite entre le possesseur de bonne foi
et celui de mauvaise foi ; mais l'on devrait appliquer les
dispositions de l'art. 555 au règlement des dépenses
utiles. Dans tous les cas, la créance du possesseur obligé
à la restitution serait garantie par un droit de rétention.

SECTION II.

CAS DE NON CONNEXITÉ ENTRE LA CRÉANCE ET LA CHOSE RETENUE.

§ 1er.

Cas établi par la loi.

1° *Locateur.* — Le locateur, en vertu de l'art. 2102,

jouit, comme garantie de ses loyers et fermages et suivant la distinction établie par cet article, non-seulement
d'un privilége sur les choses garnissant la maison, la
ferme et les fruits de la récolte de l'année, mais encore
d'un droit de rétention sur ces mêmes choses ; et même,
quand il a perdu ce dernier droit, il peut le recouvrer
ainsi que son privilége, au moyen d'une action en revendication qui dure 15 ou 40 jours, selon qu'il s'agit
d'une maison ou d'une ferme, à partir de l'enlèvement
des dits objets.

2° *Fermier ou locataire.* — La loi admet encore la
rétention dans le contrat de louage : le fermier ou le
locataire à qui il est dû une indemnité pour la résiliation de
leur bail, peuvent user de rétention pour le paiement de
cette indemnité, même vis-à-vis de l'acquéreur qui veut
l'expulser (1749, C. N.). Les dispositions de l'article 1750 doivent faire décider que ce bénéfice ne sera
accordé au fermier que lorsque son bail aura date certaine; et même aura été transcrit, s'il a une durée de
plus de dix-huit ans (L. 23 mars 1855).

Il est d'ailleurs manifeste que ce droit appartient au
fermier, même lorsque les créanciers du bailleur font
vendre la maison ou la ferme. Car la vente de l'immeuble hypothéqué ne saurait empêcher que le bail ne subsiste. Le but bien évident de la loi est de vouloir, avant
tout, procurer au fermier le paiement de ses dommages-
intérêts. Or, elle atteindrait bien mal ce but, s'il était
permis aux créanciers du bailleur ou à l'adjudicataire de
le déposséder sans lui procurer préalablement son paiement (Tarrible, *Rép.* de Merlin, v° *Privil.*, section 5,
n° 6).

3º *Acquéreur d'une chose volée ou perdue.* — La règle : en fait de meubles, possession vaut titre, ne peut pas être invoquée par le possesseur, même de bonne foi, d'une chose volée ou perdue (C. N., 2279). Il sera donc tenu de la restituer au propriétaire qui la revendiquera contre lui dans l'espace de trois ans, à compter du jour du vol ou de la perte. Mais si ce possesseur a acheté la chose dans une foire ou dans un marché, ou dans une vente publique, ou d'un marchand vendant des choses pareilles, comme il lui a été impossible de soupçonner le vice de la chose, la loi ne se borne pas à lui laisser la ressource, trop souvent illusoire, d'une action en garantie contre son vendeur, peut-être insolvable ou disparu ; elle ne veut pas que le propriétaire puisse le dépouiller sans lui rembourser, au préalable, le prix de son acquisition. C'est un véritable droit de rétention que lui accorde l'article 2280.

4º *Aubergiste.* — L'article 2102, § 5, accorde à l'aubergiste, pour le paiement de ses fournitures, un privilége sur les effets qui ont été portés dans son auberge. A ce privilége, qui repose sur cette idée que les effets des voyageurs sont le gage tacite de sa créance, est joint un droit de rétention, comme dans le contrat de gage. Ce droit de rétention, qui existait déjà dans la Coutume de Paris, suppose la détention des effets, car, si l'aubergiste s'en est dessaisi avant le paiement, il n'a plus le droit de rétention ; il peut, toutefois, revendiquer son gage pendant trois ans, lorsque le voyageur a emporté furtivement ses bagages (art. 2279).

Sous le nom d'effets, on entend les paquets, bagages, voitures, animaux, etc....., que le voyageur dépose dans l'hôtel, quoiqu'il n'en soit que dépositaire, locataire, emprunteur, car l'aubergiste ne peut savoir si ces objets appartiennent ou non au voyageur. On en excepte les habillements indispensables.

5° Article 2082-2°. — Le droit de rétention de l'article 2082-2°, accordé sur la chose engagée comme garantie de la deuxième dette, l'est par interprétation de la volonté présumée des parties, mais il est néanmoins certain que, pour qu'il existât, en l'absence de toute stipulation des contractants à cet égard, il faudrait un texte formel de loi, car on ne voit aucune connexité entre cette seconde créance et l'objet engagé.

§ 2.

Cas de rétention conventionnelle.

Malgré l'absence de connexité entre la créance et la chose retenue, malgré l'absence de texte de loi, le droit de rétention est encore possible, pourvu qu'il existe une convention des parties qui le consacre. Ce droit de rétention conventionnel peut exister soit seul, comme droit principal, soit, ce qui a lieu le plus souvent, comme accessoire au gage ou à l'antichrèse.

En traitant des diverses espèces du droit de rétention, nous avons parlé de ces deux cas; nous n'y reviendrons pas.

SECTION III.

CAS OU LA LOI REFUSE LE DROIT DE RÉTENTION , MALGRÉ QU'IL Y AIT CONNEXITÉ.

Le seul cas, d'après nous, où la loi refuse au créancier le droit de rétention, malgré qu'il y ait connexité entre la dette et la chose retenue, est celui de l'article 306 du Code de commerce.

Cet article est ainsi conçu :

« Le capitaine ne peut retenir dans son navire, faute
» de paiement de son frêt ; il peut, dans le temps de la
» décharge, demander le dépôt en mains tierces jusqu'au
» paiement de son frêt. »

Quant à l'interprétation de l'article 1885 qui, d'après certains auteurs, refuse au commodataire le droit de rétention pour les créances qu'il peut avoir contre le commodant, même à l'occasion de la chose prêtée, nous en avons déjà démontré la fausseté. Il n'y a donc pas là un deuxième cas de refus par la loi du droit de rétention.

APPENDICE.

DU DROIT DE RÉTENTION EN MATIÈRE COMMERCIALE.

Nous ne reviendrons pas sur les principes de ce droit qui sont les mêmes en matière civile qu'en matière com-

merciale ; nous nous contenterons d'énumérer rapide-
ment les cas d'application, indiqués dans le Code de
commerce.

1° *Contrat de commission* (93 et 94 C. comm.). —
Les commissionnaires, pour la sûreté des avances faites
à leurs commettants, ont, sur les marchandises qui leur
sont confiées, un privilége qui se confond, suivant certains auteurs, avec le droit de rétention, mais qui, dans
tous les cas, coexiste avec lui.

Ce droit de rétention, appartenant au commissionnaire,
dérive du contrat de gage qui s'est formé entre lui et le
commettant ; la condition essentielle de son exercice,
c'est la possession qui sert de base au privilége. Nul ne
retient qui ne détient. La possession sera acquise au
commissionnaire par la réception du connaissement ou
de la lettre de voiture qui met les marchandises à sa disposition ; elle n'est pas perdue, malgré l'expédition, s'il
a soin de garder entre ses mains les connaissements ou
lettres de voiture.

Ce droit garantit le paiement non seulement des
dépenses relatives à la marchandise, mais encore de
toutes les sommes avancées sur la foi de la consignation,
en un mot, de toutes les valeurs qui, sorties des mains
du commissionnaire, profitent au commettant. Il est
essentiellement opposable aux tiers.

2° *Voiturier*. — Pour le paiement du prix de transport, sur les marchandises transportées.

3° *Ouvrier*. — Un droit de rétention appartient à
l'ouvrier qui a amélioré ou perfectionné la marchandise
qui lui a été confiée, pour le paiement de son travail, de
ses avances et de sa main-d'œuvre.

4° *Vendeur au cas de faillite.* — Voyez l'art. 477 Code de comm.

5° Mais non *capitaine de navire*, dans le cas de l'art. 306 du Code de comm.

Ajoutons qu'il en sera ainsi chaque fois qu'il y aura deux obligations corrélatives en présence et que la créance sera intimément liée à l'objet détenu.

POSITIONS.

DROIT ROMAIN.

I. Une possession acquise par voie illégitime, donne-t-elle naissance à la rétention ? — Non.

II. Le droit de rétention doit-il être considéré comme un démembrement de propriété ? — Oui.

III. Le possesseur de mauvaise foi peut-il user du droit de rétention quant aux impenses utiles ? — Oui.

IV. Le possesseur de mauvaise foi peut-il compenser avec les fruits qu'il est tenu de restituer ? — Oui.

DROIT FRANÇAIS.

I. La bonne foi est-elle indispensable de la part du créancier qui prétend retenir ? — Non.

II. Pour jouir du droit de rétention, suffit-il d'une créance purement naturelle ? — Oui.

III. Le droit de rétention peut-il être exercé pour créances dont on jouit éontre l'Etat ? — Oui.

IV. L'exercice du droit de rétention met-il obstacle à la prescription de la créance ? — Oui.

V. Le créancier d'un débiteur, jouissant d'un droit d'usage ou d'habitation, peut-il user du droit de rétention à l'encontre de ce dernier, sur la chose grevée de cette servitude personnelle ? — Non.

VI. Le rétenteur ne peut-il pas imputer les fruits de la chose sur les intérêts et le capital de la dette malgré la volonté du débiteur ? — Non.

VII. Le tiers qui paie le créancier rétenteur peut-il, par voie de subrogation, exercer le droit de rétention pour son compte personnel et à l'encontre du débiteur qu'il a libéré ? — Oui.

DROIT COUTUMIER.

I. La règle : *paterna paternis, materna maternis* est-elle d'origine féodale ? — Oui.

II. Pour disposer en franche aumône, le consentement du seigneur immédiat suffit-il ? — Non.

III. La saisine est-elle collective ? — Oui.

9

PROCÉDURE CIVILE.

I. La déclaration de faillite doit être faite au greffe du tribunal délégué et non à celui du tribunal délé·guant.

II. Lorsque la cour a délégué un membre du tribunal de première instance pour faire une enquête, les avoués près la cour sont seuls compétents pour représenter les parties.

III. La surenchère ne peut avoir lieu à suite de folle enchère.

IV. On peut concilier le droit du rétenteur avec le droit de saisie des autres créanciers du propriétaire de la chose retenue.

DROIT COMMERCIAL.

I. Un gérant d'affaires peut-il faire assurer en cette qualité la chose d'autrui? — Oui.

II. La déclaration de faillite est-elle préjudicielle à la poursuite de banqueroute? — Non.

III. Pour que le vendeur ait le droit de rétention, suffit-il que l'acheteur soit en état de cessation de paiement? — Oui.

DROIT CRIMINEL.

I. La révision peut-elle avoir lieu en matière correctionnelle ? — Oui.

II. L'individu, acquitté pour homicide volontaire, pourra t-il être poursuivi pour coups et blessures entrainant la mort, mais sans intention de la donner ? — Oui.

DROIT INTERNATIONAL.

I. Le jugement de condamnation rendu à l'étranger pourra-t-il faire encourir au prévenu des incapacités légales? — Non.

II. L'extradition émane-t-elle du droit naturel pur, ou est-ce une institution du droit international conventionnel ? — Du droit international conventionnel.

III. La cour, saisie d'une question d'extradition, est-elle compétente pour apprécier le traité, ou bien doit-elle surseoir jusqu'à ce que le gouvernement ait statué ? — La cour est compétente.

DROIT ADMINISTRATIF.

I. Un conseil municipal a-t-il le droit d'autoriser le secrétaire de la mairie d'assister aux séances? — Non.

II. Un préfet peut-il prendre un arrêté conformément à l'art. 15 de la loi du 21 mai 1836, si on élève des prétentions à la propriété même du chemin ? — Non.

III. Le ministère public peut-il interjeter appel d'un jugement qui refuse de prononcer l'expropriation pour cause d'utilité publique ? — Non.

Vu par le président de la thèse,
V. MOLINIER.

Vu pour le doyen de la Faculté,
   empêché,
Le professeur délégué :
A. RODIÈRE.

Vu et permis d'imprimer :
Le Recteur,
ROUSTAN.

-- -- -- -- --

« Les visas exigés par les règlements sont une garantie des
» principes et des opinions relatifs à la religion, à l'ordre public
» et aux bonnes mœurs (statuts du 9 avril 1825, art. 11), mais
» non des opinions purement juridiques dont la responsabilité est
» laissée aux candidats.
   » Le candidat répondra en outre aux questions qui lui seront
» faites sur les autres matières de l'enseignement. »

TABLE DES MATIÈRES.

—

DROIT DE RÉTENTION.

DEUXIÈME PARTIE. — DROIT FRANÇAIS.

FIN DE LA TABLE.

Toulouse. — Imprimerie de Bonnal et Gibrac, rue Saint-Rome, 44.

www.ingramcontent.com/pod-product-compliance
Lightning Source LLC
Chambersburg PA
CBHW071911200326
41519CB00016B/4568